AF474300

COMPTE RENDU

DU

DEUXIÈME CONGRÈS

ANNUEL

DU

PARTI RÉPUBLICAIN
Radical et Radical-Socialiste

PRIX DE CETTE BROCHURE :

15 francs le Cent, port en sus.

POUR LES COMMANDES S'ADRESSER :

A PARIS : Au Siège du Comité exécutif,

9, RUE DE VALOIS

Au Secrétariat de la Fédération lyonnaise,

5, RUE DE VAUDRAY

CONGRÈS

DU

PARTI RÉPUBLICAIN

Radical et Radical-Socialiste

TENU A LYON

Les 9, 10, 11 et 12 Octobre 1902.

SÉANCE DU 9 OCTOBRE

M. DELPECH, sénateur, déclare la séance ouverte et prononce les paroles suivantes :

Citoyens,

Au nom de votre Commission exécutive nommée en 1901, qui a bien voulu me charger en cette circonstance de prendre la parole, je déclare la séance ouverte.

Tout à l'heure vous allez être invités à nommer les membres du bureau ; mais avant toute chose, vous estimerez comme nous qu'il convient de donner la parole au citoyen Robin, premier adjoint au Maire de Lyon, président de la commission lyonnaise d'organisation du Congrès, dont le concours nous a été si précieux. (*Applaudissements.*)

Discours de M. ROBIN, Frédéric.

Citoyens,

J'accomplis un agréable devoir en souhaitant la bienvenue à tous ceux qui ont répondu à l'appel du comité d'organisation de ce congrès, aux membres des groupes radicaux et radicaux-socialistes du

Parlement, aux membres des corps élus, conseillers généraux et d'arrondissement, aux délégués des conseils municipaux, des groupes, comités et associations, aux représentants de la presse républicaine radicale et radicale-socialiste.

Vous êtes ici les interprètes, les mandataires de ceux qui travaillent, agissent, luttent sans cesse pour la démocratie.

Vous êtes accourus des régions les plus éloignées de la France pour vous réunir dans une même pensée pour formuler ses revendications, traduire ses aspirations et ses espérances.

La ville de Lyon, si invinciblement attachée aux institutions républicaines, est heureuse et fière de vous accueillir.

En son nom, au nom de toute cette démocratie du Rhône si ardente en sa foi républicaine, j'adresse à tous le plus cordial salut. (*Applaudissements.*)

Notre premier congrès national a eu dans le pays un profond retentissement.

En déclarant, à la veille des élections générales, par la voix des plus autorisés de ses chefs, que le parti radical et radical-socialiste ne connaîtrait pas d'adversaires à gauche, en affirmant la nécessité du bloc républicain en face du bloc réactionnaire et du nationalisme menaçants, il a proclamé le devoir républicain qui s'imposait à tous, il a puissamment contribué à maintenir la discipline qui a permis de triompher de l'effort le plus considérable tenté depuis trente années peut-être contre la République et ses institutions. (*Applaudissements.*)

Là ne s'est pas bornée son action ; si l'entente la plus complète devait exister entre tous les groupements républicains pour la défense des principes communs, il importait aussi de dire bien haut que « dans l'armée démocratique chaque bataillon conserverait son rang et son programme distincts, que tous marcheraient serrés les uns contre les autres, mais sans confusion ».

La déclaration acceptée par le congrès a défini cette marche parallèle et dégagé avec soin l'individualité de notre Parti en traçant les grandes lignes d'un programme de réformes politiques et sociales, programme volontairement limité, mais assez large pour légitimer le concours de toutes les énergies et de toutes les bonnes volontés.

C'est ainsi que les forces radicales et radicales socialistes sont allées résolument au combat. C'est la lutte d'hier, c'est-à-dire la victoire de la République désormais au-dessus de toute atteinte, sinon de toute attaque, et ayant brisé une fois de plus l'effort désespéré de la réaction.

Accomplissons, citoyens, un devoir de reconnaissance en saluant les chefs qui ont dirigé l'action de notre parti, porté son drapeau en le distinguant avec autant d'éclat que de netteté, ceux que leur probité politique, leur fidélité au programme, les longs services enfin rendus à la démocratie imposaient à la confiance que le pays devait avoir, qu'il a eue en eux. (*Applaudissements répétés.*)

Le parti radical et radical-socialiste a été porté au pouvoir par l'immense majorité du corps électoral : il en a la charge et en assume devant la démocratie toute la responsabilité.

Sa première pensée, aujourd'hui comme hier, est une pensée

d'union entre tous les fils de la Révolution, quelques divergences ou quelques différences de méthodes qui les séparent, contre tous les hommes de la contre-révolution sous quelque étiquette qu'ils se présentent. (*Applaudissements.*)

Disons-le bien haut, rien ne saura rompre ce pacte aussi souvent qu'il s'agira de la défense de notre patrimoine commun de libertés si chèrement acquises.

La victoire de la République démocratique aux dernières élections a été le prix d'une lutte inexorable, sans merci.

Le parti républicain doit retenir les enseignements qu'elle comporte.

Les adversaires qui ne désarment pas doivent être mis dans l'impossibilité de nuire; la tranquillité du pays, le progrès social sont à ce prix.

On ne saurait admettre qu'après trente années d'existence, la République en soit encore réduite à se défendre contre les entreprises menaçantes de la Congrégation.

Plaçons nos institutions sous la protection des lois nécessaires : dans l'application des lois existantes, et, s'il le faut, dans l'élaboration des lois nouvelles de défense républicaine, sauvegarde des droits de la société laïque, de la liberté de la pensée, de la conscience, gardons-nous de toute défaillance et de toute compromission.

Un gouvernement fort, puisant sa force dans l'expression des volontés du pays, peut toujours assurer, s'il sait vouloir, la soumission de tous les citoyens à la loi civile et garantir le loyalisme absolu des fonctionnaires de tous ordres et à tous les degrés de la hiérarchie. (*Energiques applaudissements.*)

Mais il ne suffit pas de veiller à la défense de la République et d'imposer à tous le respect de ses institutions.

La République a commencé mais est loin d'avoir accompli son œuvre, celle qu'elle a promise, que la démocratie attend d'elle, du jeu normal et régulier de ses institutions : son œuvre de justice sociale.

Gouvernement de tous, la République se doit à tous, mais surtout à ceux qu'il faut protéger, aux faibles qui aspirent légitimement à l'amélioration réelle et progressive de leur sort.

La rigueur d'un régime fiscal qui pèse lourdement sur le travail, l'incertitude du lendemain qui poursuit, étreint le travailleur au déclin de la vie, l'isolement de tous ceux qui, dans leur modeste sphère d'action, luttent en face de l'accumulation toute puissante des capitaux entre les mains des grands spéculateurs sont autant d'iniquités sociales qui ne peuvent nous laisser plus longtemps inactifs et indifférents. (*Applaudissements.*)

Le parti radical et radical-socialiste portera son effort continu, énergique dans le domaine des questions fiscales, économiques et sociales.

Il en abordera l'étude et en poursuivra résolument la solution en demeurant fidèle à la méthode de travail et à la défense des principes qui lui assurent une existence propre, indépendante, sans confusion possible avec d'autres organisations politiques.

Passionnément attaché aux traditions de la Révolution française il repousse toute atteinte à la propriété individuelle qu'il considère, suivant les termes de la déclaration du dernier Congrès, comme la « garantie nécessaire de la liberté, de la dignité, de l'activité humaines, et dont il n'entend ni commencer, ni même préparer la suppression ».

Soucieux de tenir les engagements pris vis-à-vis le corps électoral, la politique pure ne peut lui suffire : parti résolument réformateur et parti de gouvernement, il s'attache à démontrer au peuple en même temps que la nécessité de se préoccuper des réformes économiques et sociales, le vide des étiquettes pompeuses et le danger des promesses irréalisables.

Il a conscience de répondre ainsi aux aspirations de la démocratie tout en garantissant la stabilité nécessaire aux intérêts matériels d'un grand pays, stabilité indispensable aux entreprises qui ne peuvent vivre, prospérer, grandir sans l'assurance en de longs lendemains.

Il a conscience d'être le véritable parti de la conservation sociale, car ainsi que le proclamait M. Léon Bourgeois, aux acclamations unanimes des congressistes de Paris, « il n'y a qu'un moyen de conserver la société, c'est de conserver la paix sociale en assurant la justice entre tous les citoyens ». (*Applaudissements prolongés.*)

Voilà, citoyens, ce que je désirais vous dire en vous adressant nos souhaits de bienvenue.

C'est un réconfortant spectacle que vous nous donnez.

Vous montrez combien se trompaient profondément ceux qui prétendaient que le parti radical et radical-socialiste avait vécu !

Il est là, bien vivant, plus vivant que jamais après la dernière et éclatante manifestation du suffrage universel.

Par les résolutions que vous saurez prendre et que la démocratie attend de vous, vous affirmerez une fois de plus sa vitalité. (*Applaudissements.*)

M. Delpech. — Citoyens, je suis assurément votre interprète en adressant au citoyen Robin, notre collègue, l'expression de tous nos remerciements pour l'accueil amical qu'il nous fait avec ses amis, et nos remerciements aussi pour le langage élevé, bien républicain, bien français que nous venons d'entendre. Il a fixé avec une netteté, avec un courage, avec une précision qui convient à des hommes qui ont notre sincérité, quels sont les grands, les larges principes qui doivent guider notre politique ; je crois qu'il n'y aura guère de désaccord sur ce terrain. Il ne m'appartient pas d'aller plus loin ; c'est à vous maintenant qu'il appartient de désigner les membres du bureau. Je vous invite tout d'abord à désigner celui d'entre vous auquel vous voulez confier la présidence de la séance actuelle.

Plusieurs voix : Delpech...

M. Delpech est élu président à mains levées.

Je vous prie de vouloir bien désigner des vice-présidents.

M. Delpech. — Je vais avoir l'honneur de vous faire, au nom des membres du comité exécutif, communication d'une liste. Nous nous permettons de présenter à vos suffrages les noms des quatre vice-présidents que voici : Robin, premier adjoint au maire de Lyon; Estier, conseiller municipal de Marseille; Bepmale, député de la Haute-Garonne; Debierre, premier adjoint au maire de Lille.

MM. Robin, Estier, Bepmale et Debierre sont proclamés vice-présidents.

Le Président. — Nous inspirant toujours des mêmes idées d'intérêt commun, nous avons dressé une liste de secrétaires que nous soumettons à votre choix d'abord pour maintenir la continuité du travail entre le comité exécutif qui va disparaître et celui qui va sortir de votre assemblée. Nous vous proposons les noms des citoyens : Bonnet, secrétaire général du comité exécutif; Bouffandeau, du comité d'organisation de Paris; Gaidon jeune, secrétaire général du comité lyonnais d'organisation du Congrès; Nicolet, délégué du troisième arrondissement de Lyon; Chaudey, ancien député, et Merle, de Paris. Acceptez-vous ces noms-là ?

M. Henry, délégué de Levallois-Perret. — Nous demandons qu'ils soient élus un par un, nous ne les connaissons pas, nous voulons savoir qui ils sont.

Le Président met les noms aux voix. Tous les secrétaires proposés sont élus.

Le Président. — J'ai à vous présenter les excuses du citoyen d'Etchepare, député des Basses-Pyrénées, qui était inscrit parmi les parlementaires venant au Congrès, et qui au dernier moment a été empêché de se rendre à notre réunion.

Voici un télégramme qui vient d'être adressé par notre ami M. Maurice Faure, ancien vice-président de la Chambre, actuellement sénateur, à M. Robin, où il exprime ses regrets de ne pouvoir assister au Congrès.

Je vous présente également les excuses de MM. Louis Blanc, sénateur de la Drôme, Millaud, sénateur du Rhône, Treille, sénateur d'Algérie.

Discours de M. DELPECH

Citoyens,

Je suis très touché du grand honneur que vous me faites. Je vous en exprime mes vifs remerciements et j'y joins ceux des collègues du bureau qui voudront bien me permettre d'être leur interprète.

En votre nom, comme au mien, je remercie les vaillants concitoyens de Lyon dont le concours nous a été si précieux. J'adresse notre salut cordial à la grande cité qui nous reçoit, à sa municipalité républicaine si bien représentée par deux de ses adjoints. (*Applaudissements.*) A tous les membres des corps élus qui ont bien voulu nous apporter leur concours, à tous les délégués des comités, associations et loges maçonniques qui sont venus prendre part à ce congrès, représentant ce qu'il y a de meilleur, de plus sincère, de plus loyal dans cette France républicaine qui depuis trop longtemps en est réduite à défendre ses libertés tous les quatre ans, se trouvant toujours en présence des mêmes périls, des mêmes obstacles à surmonter, ne constatant que des progrès insuffisants dans la marche de nos institutions démocratiques, peut-être parce que jusqu'ici les citoyens que nous sommes n'avaient pas pris la précaution de s'organiser d'une façon permanente... (*Applaudissements.*) pour continuer à défendre leurs droits, pour exercer un contrôle reconnu nécessaire sur tous ceux qui détiennent dans notre République une parcelle de l'autorité gouvernementale. (*Très bien !*)

Notre congrès de 1901 n'avait pas le caractère de celui qui commence aujourd'hui, il était uniquement organisé pour mobiliser les forces républicaines en vue des élections générales qui allaient avoir lieu.

Celui-ci a un tout autre objet. Il s'agit aujourd'hui d'organiser d'une façon permanente les forces républicaines constituées par les groupes de braves gens dont nous sommes les délégués. Pourquoi ? Pour quelques raisons qu'il convient de dire.

Nous n'avons pas certes, la prétention de faire revivre l'ancienne société des Jacobins ; nous n'avons pas la prétention d'exercer sur les représentants des pouvoirs publics une action despotique, nous n'avons pas la prétention de nous substituer aux représentants du pouvoir exécutif sans en avoir les responsabilités. (*Applaudissements.*)

Tel donc n'est pas notre but, mais, et je l'ai déjà dit et c'est bien là, je crois, ce qui rend notre pensée à tous, nous voulons, usant du droit qui nous appartient, exercer un contrôle reconnu nécessaire sur tous ceux auxquels nous avons confié la défense de nos libertés. (*Très bien.*)

Ce qui s'est passé chez nous depuis le vote des lois constitutionnelles, justifie la précaution que nous voulons prendre.

D'où vient que tous les quatre ans nous avons à recommencer la même opération ? Que tous les quatre ans nous avons à remonter le même rocher ? Cela ne vient-il pas, citoyens, de ce que les élus auxquels vous avez confié la défense de nos destinées républicaines n'ont pas eu toujours, soit au pouvoir, soit dans les Chambres, l'énergie nécessaire pour la défense de nos libertés primordiales. (*Applaudissements.*)

En diverses circonstances nous avons été les témoins inquiets non pas d'alliances honorables, mais de mésalliances honteuses pour les républicains. (*Très bien ! Très bien !*) A maintes reprises, nous avons constaté d'étranges faiblesses chez nos gouvernants ; malgré nos protestations indignées ; ils ont permis à nos pires adversaires de se soustraire à l'application des lois qui constituent la garantie même de la République. (*Bravos.*)

Si on avait appliqué ces lois aux gens du clergé, clergé séculier ou clergé régulier, si on avait seulement appliqué dans sa lettre et dans son esprit le concordat avec ses articles organiques, nous n'aurions pas eu l'humiliation d'entendre les impertinences qui sortaient des palais épiscopaux ou qui descendaient des chaires de l'Eglise romaine s'adressant aux représentants les plus élevés des pouvoirs publics. (*Applaudissements.*)

Si on avait appliqué les lois existantes aux congrégations religieuses, nous ne nous trouverions pas maintenant en présence de grosses difficultés à surmonter. Si on avait seulement appliqué les lois que les républicains ont votées sur l'enseignement, d'abord en 1881, puis en 1886 sur la laïcité, nous n'aurions pas aujourd'hui l'humiliation (*Très bien ! très bien !*) de constater qu'il y a encore dans cette démocratie sept mille écoles de filles confiées à la direction de femmes congréganistes.

Vous vous rappelez en quels termes formels avait été rédigée et votée cette loi. Un délai était fixé pour la laïcisation de toutes les écoles de garçons et de filles. La loi a été appliquée en ce qui concerne les écoles de garçons, elle a été indignement violée en ce qui concerne les écoles de filles. (*Très bien !*)

Il était entendu qu'on laisserait en place les sœurs qui s'y trouvaient, mais qu'au fur et à mesure qu'elles disparaîtraient soit par démission, soit par l'effet de l'âge, elles devraient être régulièrement remplacées par des institutrices laïques, et qu'avons-nous vu ?

Avec la complicité des préfets dans la plupart des départements (*Applaudissements*), avec la complicité de parlementaires, maires et conseillers généraux, tous républicains s'il faut les en croire, la congrégation a été traitée avec une bienveillance extraordinaire (*Applaudissements*). Il y a quelques années certain président du conseil (*Applaudissements*) écrivait confidentiellement aux préfets :

« A l'avenir, ne prononcez plus de laïcisations d'écoles de filles sans m'en prévenir, sans y être autorisés directement par moi. » (*Applaudissements.*)

Si on avait uniquement appliqué la loi, aujourd'hui l'œuvre que nous entreprenons serait une chose accomplie. (*Plusieurs voix : C'est vrai !*) Aujourd'hui nous serions beaucoup plus loin dans la voie du progrès démocratique et, enfin, si on avait agi avec l'énergie nécessaire dans notre démocratie, énergie qu'au besoin nous saurons maintenant rendre obligatoire, énergie nécessaire dans le temps de transition que nous traversons en ce pays où on a subi de si longs siècles de despotisme politique et de soumission intellectuelle au clergé ; si dans ce pays, on avait imposé, comme il convient, le respect des lois constitutionnelles à tous ceux qui détiennent une parcelle de l'autorité nationale, soit dans les armées de terre, soit dans les armées de mer, soit dans les pouvoirs publics... (*Applaudissements*), dans toute la magistrature (*Applaudissements*) ; si on avait tout simplement exigé cette chose si naturelle qui consiste dans le simple respect des lois constitutionnelles, si même on avait voulu l'apprendre sincèrement dans les écoles d'ordre élémentaire, d'ordre secondaire et supérieur nous n'aurions pas été les témoins de ces trahisons, de ces manifestations d'affaiblissement intellectuel et moral que nous avons constatées et dans l'armée de terre et dans l'armée de mer, parmi les magistrats assis et debout et chez la plupart des fonctionnaires. (*Applaudissements.*)

Une voix : De tous les fonctionnaires !

Et voilà pourquoi nous voulons nous organiser afin que cela finisse et, comme nous sommes le nombre, comme nous sommes le droit et que nous représentons vraiment dans tout ce qu'elle a de vivant, de vibrant, de loyal et de généreux, l'âme de notre pays. Il en sera ainsi si nous voulons et il faut vouloir.

Félicitons-nous de la victoire que nous venons de remporter. Elle a été éclatante. C'est à vous, citoyens, à vous, parlementaires et autres qui êtes ici les représentants du vaillant parti républicain, que revient le mérite de cette victoire à laquelle certains d'entre nous ne croyaient pas. Et, en effet, il y avait lieu d'être inquiet à la veille du combat, alors que nous assistions à une mobilisation des forces réactionnaires telle que nous n'en n'avions peut être jamais vu dans les temps précédents.

Tout a été mis en mouvement : la puissance de l'argent, l'emploi des étiquettes trompeuses, le mensonge, la calomnie ; tout a été mis en action pour essayer d'arrêter la marche progressive de nos institutions républicaines et nous faire retomber sous la main de la réaction cléricale. Et ce qui contribuait à rendre l'heure périlleuse, c'est que dans beaucoup de départements nos adversaires étaient soutenus et nos amis étaient trahis... (*Une voix :* Par les préfets !) d'une façon plus ou moins manifeste par ceux-là mêmes qui, ne fût-ce que par souci de leur propre honneur, auraient dû être les premiers à défendre les candidats républicains et dans plusieurs départements, vous le savez tous ici, plusieurs d'entre vous ont été les témoins de ces trahisons. (*Applaudissements.*) Certains préfets — pas tous assurément, car quelques-uns sont excellents, certes en trop petit nombre — mais c'est le plus grand nombre qui a soutenu avec froideur ou combattu les candidats mêmes de notre parti. C'étaient les résidus d'anciens gouvernements dont vous connaissez la valeur morale et la sincérité politique, c'étaient les représentants de ces gouvernements qui étaient restés au pouvoir pendant plusieurs années, tandis que les meilleurs de nos amis faisaient de vains efforts pour en délivrer le pays. (*Applaudissements.*)

Cris : Ils y sont encore. Ils ne sont pas encore changés ! On ne songe qu'à les décorer !

Citoyens, vous n'êtes pas gâtés par le passé, vous êtes encore inquiets et vous voulez assurer l'avenir.

Aujourd'hui, il ne dépendra que de nous de mettre un terme à de pareils agissements. (*Applaudissements.*)

Une voix : Avant les élections sénatoriales ! sans cela, ce sera la même chose !

Cette victoire, nous l'avons donc remportée par vos efforts. Vous avez surmonté héroïquement tous les obstacles que je viens de signaler. Tout cela est dû à votre vaillance et c'est là ce qui fait votre honneur de citoyens français.

Cette victoire est due aussi — et le président du comité lyonnais avait raison de le rappeler — à votre discipline. Elle est due à ceci que dans le congrès de 1901 vous avez pris une résolution d'une importance si considérable. C'est là que vous avez donné comme mot d'ordre le groupement de toutes nos forces, de toutes les forces de gauche, c'est là que vous avez jeté les bases de ce pacte, honorable lui, qui ne constitue pas une mésalliance, mais une alliance loyale, sincère, entre braves gens qui ont au fond le même idéal de progrès démocratique, de grandeur de la patrie, le même idéal de justice, qui diffèrent en ce qui concerne l'application ou l'étendue de certaines mesures, mais qui, sur les principes généraux de liberté, de droit, de justice, s'inspirent des mêmes idées que nous, ayant le même esprit de solidarité, de fraternité, de fierté, le même esprit de bienveillance humaine.

Nous avons marché la main dans la main. Chacun de nous a tenu la promesse donnée. Là où c'était un socialiste qui avait la majorité sur un républicain de notre nuance, notre ami se retirait pour empêcher le triomphe des adversaires de droite. (*Applaudissements.*) Il en a été de même de la part des socialistes. Il nous est arrivé à mon excellent collègue et ami Buisson qui est, je l'espère bien, ici, dans la salle... (*Plusieurs voix* : « Il est là ! Il est là ! » *On crie* : « Vive Buisson ! Au bureau ! ». *Une longue ovation ce produit lorsque M. Buisson, sollicité d'y prendre place, monte au bureau.*

Je suis heureux, continue M. Delpech, que l'occasion se soit offerte de signaler ce vaillant citoyen, un des meilleurs parmi les républicains ! (*Applaudissements.*)

Il nous est arrivé à tous deux d'aller successivement dans certaines circonscriptions de Paris défendre tantôt un socialiste, tantôt un radical et nous avons trouvé partout, dans les groupes ouvriers, comme dans les autres, parmi tous ceux qui s'inspirent de nos idées généreuses, cette même sincérité et cette même loyauté qui doit rester la base de notre alliance, formant aujourd'hui, demain et toujours le bloc de gauche contre le bloc des réactionnaires.

Une voix: Vous n'étiez pas assez nombreux, malheureusement !

Restons fidèles à cette alliance, sans qu'il y ait fusion ni confusion (*Très bien !*). La variété des tempéraments, agissant en toute liberté est la condition nécessaire de la civilisation. De cette divergence d'idées, de cette multiplicité de conceptions naît cette force qui provoque les activités humaines et cela répond bien à notre idéal de progrès dans et par la liberté.

Nous resterons donc fidèles à ce pacte sans pour cela rien abdiquer de notre programme ni de nos principes,

S'il est quelqu'un, dans les temps troublés que nous traversons, s'il est un parti qui soit appelé à jouer un rôle prépondérant en France, à l'heure grave que nous traversons, c'est le nôtre et voici pourquoi :

Nous ne redoutons rien, nous, de la liberté. Nous ne connaissons pas cette peur avilissante qui provoque tous les jours tant de vilenies. C'est elle qui a provoqué ces coalitions honteuses d'anciens amis avec les ennemis de droite.

Si en ce moment-ci il y a quelques inquiétudes, c'est précisément parce que quelques anciens républicains nous ont abandonnés. S'ils étaient restés parmi nous, notre force aurait été plus considérable, notre force vient de ce que notre esprit est ouvert à toutes les conceptions, que nous acceptons les discussions sur tous les terrains, que nous ne sommes hostiles à aucune des réformes politiques et économiques réclamées par nos amis de la démocratie. Mais nous nous préoccupons, nous, des nécessités et des contingences.

Ce qui domine chez nous, c'est l'esprit pratique des hommes politiques résolus à tenir compte des nécessités des temps où ils vivent et à provoquer les réformes qui leur paraissent immédiatement réalisables. (*Applaudissements.*)

Voilà pourquoi notre parti est l'axe même du parti républicain. C'est sur vous que pèsent les grandes responsabilités de l'heure actuelle ; c'est vous qui saurez résoudre par votre prudence, votre sagesse, votre courage, votre esprit d'initiative les problèmes considérables soumis à notre attention. Vous le ferez avec le sentiment de chaud patriotisme qui est notre marque caractéristique.

Pour réussir dans cette œuvre de défense d'un côté, d'action de l'autre, vous serez unis comme doivent l'être les membres d'une grande famille politique et philosophique, sachant vous mettre au-dessus de toutes ces passions mesquines, de toutes ces rivalités étroites, de toutes ces jalousies, ces haines, ces méfiances qui, quelquefois, occupent une trop large place dans les préoccupations des hommes politiques. (*Applaudissements.*)

Pour cela il faut être juste pour tous, bienveillant pour ses amis, pour ceux qui s'inspirent des mêmes principes que nous. Cette concorde, cette unité d'action ne fut jamais plus nécessaire. Voilà pourquoi, dans cette assemblée où il y a devant moi, autour de moi, des hommes qui ont une autre valeur intellectuelle et politique que moi, je me permets de faire appel à cette bienveillance mutuelle faite de solidarité, de loyauté, de sincérité. C'est vous qui devez manifester au plus haut degré les qualités dominantes du Français. (*Applaudissements.*)

En terminant je vous propose, puisque nous avons aujourd'hui à la tête du gouvernement des hommes qui, enfin, en exigeant l'application des lois si longtemps méprisées, nous ont donné déjà de si hautes satisfactions qui font la garantie d'aujourd'hui et l'espérance de demain, je vous demande, au début de nos travaux, d'adresser à ces hommes le témoignage de notre confiance avec nos remerciements. (*Acclamations.*)

Nombreuses voix : Un télégramme au ministère !

M. Delpech. — La commission vous proposera tout à l'heure un ordre du jour dans ce sens.

Cris : Votons immédiatement une adresse.

Après quelques mots de M. Hubbard, le Congrès se prononce immédiatement sur le principe d'envoi d'une adresse au gouvernement, dont le texte sera ultérieurement établi par une commission spéciale.

M. Delpech. — Messieurs, en terminant, permettez-moi de vous remercier pour l'unanimité qui s'est produite dans nos rangs en faveur du ministère et laissez-moi la traduire par une acclamation qui traduira votre pensée unanime : Vive la République démocratique et sociale ! (*Applaudissements enthousiastes.*)

M. Delpech. — La parole est au citoyen Bonnet, rapporteur de la commission exécutive pour la lecture de son rapport.

Discours de M. BONNET

Citoyens,

Au Congrès de Paris des 21, 22 et 23 juin 1901, vous avez considéré, suivant les termes mêmes de la Commission d'organisation du parti, que « l'an-« née que nous allions traverser était une année provi-« soire, transitoire, de préparation, de lutte extérieure » et que la fonction principale du Comité exécutif était « d'aider à préparer, dans l'intervalle du Congrès de « 1902, les fédérations départementales et les cadres « nécessaires pour les élections futures ». C'est ainsi que le Comité exécutif a compris sa mission et s'est efforcé de la remplir.

Dès sa nomination, le Comité exécutif a ouvert une vaste enquête sur la situation électorale de chaque département et poursuivi systématiquement l'organisation du parti.

Du 1er octobre 1901 au 3 mars 1902, le Comité exécutif a tenu une séance chaque semaine ; il a dressé méthodiquement la carte électorale des circonscriptions, fait surgir des candidatures du parti en divers arrondissements, aplani des conflits qui étaient soumis à son arbitrage. Son intervention, sans être bruyante, n'en a pas été moins efficace ; de même, son action s'est souvent et heureusement exercée auprès des pouvoirs publics, dans l'intérêt du parti.

Sous l'impulsion du Comité exécutif, de nombreux comités ont été créés et plusieurs fédérations départementales ont été constituées. Le secrétariat a entretenu une active correspondance avec les comités adhérents et les citoyens.

Des orateurs et des conférenciers ont été mis à la disposition des comités pour la période électorale, l'envoi de journaux et de milliers de brochures de propagande a été préparé.

Le 19 février, le Comité exécutif a admis le principe de la nomination d'un comité directeur composé de MM. Combes, Desmons, Vallé, sénateurs; Henri Brisson, Léon Bourgeois, Isambert et Pelletan, députés.

Le 3 mars, le Comité exécutif a fixé les attributions et la durée du mandat du Comité directeur ; pour lui témoigner sa confiance légitime et absolue, il s'est dessaisi et lui a donné pleins pouvoirs jusqu'au scrutin de ballottage.

Le Comité directeur a désormais agi seul, sous sa propre responsabilité et en toute indépendance. Nous lui savons un gré infini de ses efforts, de son énergie et de son dévouement qui ont contribué, dans une si large mesure, à l'échec de la réaction et à la belle victoire républicaine des 27 avril et 11 mai derniers.

Après le scrutin de ballottage, en reprenant ses séances hebdomadaires et l'exercice de ses fonctions, le Comité exécutif a exprimé sa reconnaissance au Comité directeur par un vote unanime qui rencontrera, certainement, la chaleureuse approbation du Congrès de 1902.

Depuis, la préparation du Congrès a été notre tâche principale. En 1901, vous avez voulu fonder l'organisation permanente et définitive du parti radical et radical-socialiste ; vous avez décidé qu'il y aurait chaque année un « Congrès national qui indiquerait la « méthode de travail et de propagande, la tactique du parti, et préciserait les articles du programme politique dont l'exécution s'impose à bref délai. » Vous avez rompu ainsi avec les vieux errements qui faisaient mettre l'arme au repos après la bataille.

On croyait avoir définitivement écrasé l'ennemi et, quatre ans après, on sortait comme d'un rêve. On entrait en campagne et on se heurtait à une armée nombreuse et aguerrie. Plus prévoyant, jamais découragé par la défaite, l'adversaire avait employé le temps à s'organiser patiemment, à discipliner et à concentrer ses troupes ; la réaction remplissait sa caisse, nouait des alliances et préparait un nouvel et furieux assaut à la République, pendant que nos amis s'endormaient sur le succès. Les dernières élections ont révélé le danger ; elles comportent de multiples enseignements que je soumets à vos délibérations.

LE PARTI SOCIALISTE

1° *Un parti qui possède une doctrine et une organisation solide n'est pas affaibli par des dissensions intérieures.*

C'est le cas du parti socialiste dont l'éminent président de la Commission d'organisation du Congrès de 1901, notre ami Mesureur — à qui je suis heureux d'envoyer le témoignage des sympathies de ses anciens collègues du Comité exécutif et vous me permettrez d'y ajouter l'expression des sympathies du Congrès de 1902 — disait, en ouvrant le Congrès de 1901, aux applaudissements unanimes de l'Assemblée : « L'Union est « nécessaire entre tous ceux qui défendent la Répu- « blique, ses principes, ses réformes, son idéal. L'idéal « des socialistes est peut-être plus haut, plus inacces- « sible que le nôtre : mais c'est avec eux que nous « continuerons la bataille demain. »

BOULANGISME ET NATIONALISME

2° *Un parti qui n'est qu'une coalition électorale ne survit pas aux événements qui ont amené sa formation.*

C'est le cas du boulangisme et du nationalisme, syndicats de mécontents et de naïfs, ramassis de tous les ennemis de la République, qui se sont fondés l'un et l'autre sur l'habile exploitation du patriotisme.

LE PARTI SOI-DISANT PROGRESSISTE

3° *Les partis qui n'ont pas de doctrine et d'organisation, qui vivent sur le passé ou sur la réputation de leurs chefs, sont condamnés à servir d'appoint aux autres, ou à devenir leurs prisonniers, et finalement, à disparaître.*

Tel le parti soi-disant progressiste qui a trop longtemps occupé le gouvernement et joué un rôle prépondérant et funeste dans la République.

Hissés au pouvoir, les progressistes n'ont pas eu le courage ni l'honnêteté de réaliser les réformes qu'ils proclamaient indispensables la veille. Leur préoccupation unique a été de se maintenir aux affaires et, pour y réussir, ils ont flatté les préjugés, épousé les intérêts et maintenu les privilèges des anciens gouvernants dont ils prenaient la place. Mais, comme la démocratie s'éloignait d'eux au fur et à mesure qu'ils reniaient sa cause et que leurs amis de droite leur faisaient payer plus cher leur concours, ils ont accentué leur politique de réaction qui a eu, au ministère, sa suprême incarnation dans le mélinisme.

LES MÉLINISTES ET LES CLÉRICAUX

Le mélinisme avait si bien avancé les opérations du ralliement et compromis les destinées de la République qu'il nous a valu le nationalisme et une explosion du cléricalisme. Les pseudo-ralliés, les monarchistes, les césariens, tous dociles au mot d'ordre des Congrégations, ont cru que le terrain avait été suffisamment préparé et miné et que l'heure était propice de renverser la République. L'*Action Libérale* de MM. Piou et de Mun a dirigé et fourni de subsides cette coalition d'ex-seize-mayeux et boulangistes ; la *Ligue des Patriotes* n'a été qu'une parade pour masquer les manœuvres des Révérends Pères.

Une alliance étroite a été scellée entre le Comité directeur des soi-disant progressistes et le Grand Comité des congrégations, l'*Alliance Libérale*. Dans la plupart des circonscriptions, ces compères se sont prêté un mutuel appui. Le mot d'ordre des congréganistes a été : « Faisons élire ceux qui ont voté contre la loi des associations », ce qui était le cas de tous les mélinistes.

La grande majorité des députés et des candidats soi-disant progressistes ont accepté le pacte ; s'ils ne l'avaient pas fait, ils restaient presque tous sur le carreau. Il est même arrivé à quelques-uns d'entre eux et à M. Méline lui-même d'avoir déchaîné dans leurs arrondissements un tel courant de réaction qu'ils n'en étaient plus les maîtres et que les réactionnaires, se croyant assez forts pour triompher seuls, leur ont imposé des conditions si dures qu'ils ont dû les refuser. M. Méline a eu un concurrent nationaliste et quelques-uns de ses amis aussi, et cela malgré l'*Action Libérale* et la *Ligue des Patriotes*, qui ont été débordés par des candidats fougueux.

Mais le contrat conclu entre le Comité directeur des progressistes et l'*Alliance Libérale* a reçu son exécution. Le scrutin le démontre péremptoirement. La majorité obtenue par la plupart des mélinistes élus en avril dernier se compose de voix cléricales et réactionnaires et, pour un faible appoint, de suffrages républicains.

Vainement M. Méline avait voulu sauver les apparences et avait déclaré que la France était appelée à choisir entre la République jacobine et la République libérale. Le pays s'est souvenu de la forte parole prononcée par le grand citoyen Henri Brisson au congrès radical de 1901 : « La France va être appelée à choisir entre les candidats de la République et les candidats des Jésuites ».

La France a choisi : les candidats des Jésuites ont été repoussés, une majorité républicaine compacte a été nommée, les soi-disant progressistes ont perdu des sièges. Sont-ils encore capables de nuire en tant que parti ? C'est la seule question qui nous intéresse dans l'examen de la tactique et de la propagande des partis.

LES MÉLINISTES CONTRE LES RÉFORMES

Les soi-disant progressistes sont un état-major sans troupes républicaines. Leur comité directeur n'est pas appuyé de comités locaux et leurs comités électoraux comprenaient surtout des hommes connus pour leur cléricalisme et leurs opinions monarchistes et bonapartistes. Leur fallacieuse étiquette de « Progressistes » et de « Libéraux » ne sert plus même à déguiser la vérité.

Doctrinalement, les Progressistes n'ont plus la doctrine républicaine ; ils ont répudié la guerre au cléricalisme qu'ils faisaient avec Gambetta, la lutte pour l'enseignement laïque qu'ils entravent de leur mieux, la laïcisation des écoles dont ils se plaignent amèrement, la suppression des privilèges aux congréganistes qu'ils défendent audacieusement, toutes les réformes politiques, fiscales et sociales dont ils se disaient jadis les partisans.

Electoralement, ils n'ont pas d'organisation sérieuse ni de clientèle populaire ; les sacristies leur fournissent le gros contingent électoral.

Parlementairement, ils ne sont plus qu'une fraction

de la droite ; la réaction les fait entrer à la Chambre pour qu'ils soient ses instruments. Discrédités à gauche, ils seraient abandonnés par leurs électeurs actuels s'ils reprenaient leurs anciennes opinions. Ils feront dans cette législature ce qu'ils ont fait à la précédente ; leur opposition sera tenace, incessante à toutes les réformes, à toutes les mesures de progrès proposées par le Cabinet et soutenues par la majorité ; leur action favorisera toutes les tentatives de désagrégation du bloc républicain.

Politiquement, ils descendront de plus en plus la pente jusqu'à se confondre avec la réaction pure. On les verra s'associer aux manifestations antirépublicaines, approuver les congrégations rebelles, plaider les circonstances atténuantes pour les militaires factieux et louer l'indépendance des juges dont les arrêts narguent la loi, le gouvernement et le parlement. S'il y a des élections, ils en arriveront à passer ouvertement du côté de l'ennemi et comme M. Méline hier avec MM. Franck-Chauveau, Audiffred et autres enragés du mélinisme, à se prononcer résolument contre le candidat de tous les républicains de l'Oise, M. Noël, et pour le candidat de tous les monarchistes, bonapartistes et cléricaux, le nationaliste M. Bougon.

Il est probable que ceux d'entre eux qui sont restés républicains abandonneront la galère où ils se sont jadis imprudemment embarqués à la suite de M. Méline et viendront rejoindre la majorité républicaine. L'exemple de leurs camarades Lebret, comte de Saint-Quentin, Papelier, Prudhomme-Havette, Charles Ferry, Kelsch, etc., etc., évincés par les nationalistes Delarbre. Engerand, de Sudre, colonel Rousset, Gérard, Ancel-Seitz, leur a démontré le péril des flirts avec la réaction nationalo-cléricale ; dès qu'elle se croit maîtresse de la situation, la réaction rejette les auxiliaires pour se donner les hommes de son choix.

Le seul danger que présente aujourd'hui le parti soi-disant progressiste est de couvrir d'une étiquette républicaine sa politique réactionnaire. Les débats de la législature achèveront d'édifier les électeurs républicains timorés sur les tendances et les desseins des ci-devant progressistes. Le mélinisme s'encapucinera de plus en plus. Plus nous irons, plus nous ne trouverons devant nous que le seul, l'éternel et redoutable adversaire, le cléricalisme, le parti romain.

LE PARTI CLÉRICAL — SON ORGANISATION — SA PRÉPARATION DES ÉLECTIONS DE 1906.

Nous venons de livrer un rude combat. Disons immédiatement que l'ennemi se prépare à faire un plus grand effort en 1906.

Je souligne d'abord ce fait caractéristique. La congrégation, les moines « moines ligueurs et moines d'affaires », ont inspiré, dirigé, ostensiblement ou dans la coulisse, les partis de réaction dans les trois dernières grandes batailles électorales.

En 1898, après négociations avec M. Méline, le pape a envoyé deux délégués apostoliques, le père Picard, supérieur général des Assomptionnistes, et le père Wyriart, supérieur général des Trappistes, qui ont parcouru les diocèses, visité les évêques, les congrégations, conféré avec les laïcs, vaincu les résistances et scellé l'entente épiscopale et préfectorale au profit des candidats ministériels. Les Pères de la Croix ont été les principaux conseillers du comité des droites et leurs journaux ont soutenu à fond les amis de M. Méline.

En 1900, aux élections municipales de Paris, on a laissé jouer le rôle bruyant à la Ligue des Patriotes; le comité « Justice, Egalité », fabriqué par les Jésuites et les Assomptionnistes, s'est réservé le choix définitif des candidatures, les investitures, et a fourni la plus grande partie des subsides.

En 1902, même tactique. La *Ligue des Patriotes* a fait du tapage, l'*Action Liberale* de MM. Piou et de Mun, a fait la besogne et mené la campagne. L'*Action Libérale* n'est que le prête-nom de la congrégation, son nouvel avatar laïque. Les Assomptionnistes et les Jésuites l'ont remplie de leurs plus fidèles disciples. L'*Action Libérale* a dressé la liste des candidats à opposer au « bloc républicain », organisé les souscriptions, la quête des Femmes de France, donné le mot d'ordre à la presse, aux évêques et aux comités catholiques, et alloué des sommes considérables. Rome inspirait, encourageait, surveillait la nouvelle croisade et en escomptait les résultats. Rome a perdu la partie. L'heure du règlement des comptes a sonné.

APPLIQUONS NOS PRINCIPES

Pas de représailles; des mesures de justice et d'équité. Rien que l'application des principes de 1789, dont se réclament aujourd'hui nos adversaires après en avoir été les détracteurs implacables.

En 1789, l'Assemblée constituante a voté la Déclaration des Droits de l'Homme et, conformément à ses principes, en 1790, elle a supprimé toutes les congrégations religieuses.

La Convention a complété l'œuvre de la Constituante : en 1793, elle a supprimé le budget des cultes ; en 1794, elle a édicté une loi sur la police des cultes.

Fils de la Révolution française, nous n'avons qu'à suivre l'exemple de nos pères et à leur emprunter leur bienfaisante législation. Nous en avons affirmé la résolution ; à l'unanimité, au congrès de 1901, nous avons voté cette déclaration catégorique :

« La loi contre les congrégations est déjà faite. Le « pays compte qu'elle sera appliquée sans faiblesse. Il « l'exigerait si c'était nécessaire. *La lutte est ouverte, il « faudra aller jusqu'au bout.* La loi Falloux a été forgée « pour livrer la France aux jésuites, il faut achever de « l'abroger. Nul ne peut considérer comme une insti- « tution républicaine le pacte d'alliance conclu contre « la liberté entre le pontificat romain et la dictature « napoléonienne renaissante. Nous ne pouvons avoir « entre nous de divergences que sur le moment où il « sera déchiré : le suffrage universel décidera. »

Le suffrage universel a décidé. Il faut aller jusqu'au bout, avons-nous dit l'année dernière. Commençons d'abord et prenons position sur les deux questions posées par le précédent ministère et le cabinet actuel : les demandes d'autorisation aux congréganistes, l'abrogation de la loi Falloux et l'organisation de l'enseignement national confié exclusivement à des laïques.

Au ministère Waldeck-Rousseau, nous gardons une profonde reconnaissance des grands services qu'il a rendus à la République et de la nouvelle orientation qu'il a donnée à la politique républicaine. Au cabinet Combes, une œuvre admirable d'action laïque reste à accomplir. Il y est résolu; nous devons l'y aider de toutes nos forces.

Dès le premier jour, la majorité lui a accordé sa pleine confiance. Le Congrès affirmera son étroite solidarité avec ses amis du Parlement. Les hésitations seraient funestes.

LES PRÉPARATIFS DU CLÉRICALISME

Loin d'avoir désarmé, le cléricalisme se prépare à la bataille. L'*Action libérale*, la congrégation, a résolu de redoubler d'activité, et, pendant les quatre années qui nous séparent des prochaines élections, de faire converger tous les efforts de l'Eglise vers le même but. On se servira des organismes actuels, ou on en créera de nouveaux.

Œuvres dites de foi et de prière. — Une plus vigoureuse impulsion leur sera imprimée. Elles servent à grouper les fidèles, à les tenir en main, à les fanatiser et à les disposer à des sacrifices pécuniaires constants.

Propagation de la dévotion au Sacré-Cœur, affiliation des paroisses, des groupes et des individus à Montmartre; plus de 7,000 églises sont déjà affiliées.

Développement des confréries et des archiconfréries; plus de 300,000 individus sont à l'heure actuelle enrégimentés dans les confréries.

Multiplication des œuvres militaires si dangereuses.

Développement des pèlerinages locaux, régionaux et nationaux, dont l'importance devient de plus en plus considérable.

Œuvres d'enseignement et de presse. — Inutile d'insister sur l'importance de ces œuvres qui enrôlent, dans les écoles primaires et secondaires, la moitié de la jeunesse française contre les lois et l'esprit de la République.

L'enseignement supérieur catholique fabrique des avocats, des médecins, des notaires, des officiers, des magistrats, des fonctionnaires — beaucoup trop de fonctionnaires — qui ont les préjugés confessionnels. Les événements de Bretagne nous montrent l'étendue du mal. Des officiers subordonnent la discipline militaire à l'intérêt catholique et refusent obéissance à la représentation nationale. Des juges ont toutes les tendresses pour les factieux qui insultent l'autorité civile et s'opposent à l'exécution de loi. Ils est temps d'aviser.

Un petit fait significatif. La Congrégation distribue des annuaires contenant la liste des médecins catholiques dans les départements. On ira loin dans cet ordre d'idées.

Un autre fait qui rend les commentaires inutiles. Dans les récents débats des tribunaux de Bretagne, on a constaté qu'un grand nombre de manifestants ne savaient pas parler français. Le tribunal recevait leur déposition par un interprète. Et cela dix-huit ans après la promulgation de la loi sur l'enseignement primaire! L'aveu d'un évêque en donne la raison : « S'ils parlent français, ils nous échappent ».

A souligner les instructions envoyées aux comités catholiques pour hâter la création de mutualités scolaires et de mutualités post-scolaires et neutraliser la Ligue de l'enseignement.

On ne saurait s'imaginer la multitude de publications de toutes sortes dont la Congrégation romaine inonde le pays.

Une ingénieuse combinaison favorise la diffusion de divers journaux cléricaux. Une agence spéciale tend à centraliser l'envoi des informations téléphoniques et télégraphiques, sous formes tendancieuses, aux feuilles de la secte.

L'*Action libérale* recommande notamment les innovations suivantes :

Distribuer des feuilles imprimées sur le recto seulement, de façon à pouvoir être affichées dans les cabarets, les maisons de commerce et même chez les particuliers et traitant, par demandes et par réponses, les questions du jour : services rendus par les congrégations, franc-maçonnerie, liberté d'enseignement, etc.

Création de bulletins paroissiaux, un par paroisse. Une entreprise catholique fournirait une partie générale rédigée et imprimée à Paris; la partie locale serait rédigée et imprimée dans une ville du département et varierait pour chaque paroisse.

Création de bibliothèques dramatiques à l'instar de la Belgique. On communique aux abonnés des pièces de théâtre, des chansonnettes, des monologues, etc. Nos adversaires se rendent compte de l'influence directe du théâtre, du couplet, du refrain, sur les auditeurs et l'utilisent à leur profit.

Mise en tutelle de la classe ouvrière par les œuvres dites sociales et charitables. — Je veux surtout insister sur ces œuvres dont le développement mettrait la classe ouvrière à la dévotion de l'Eglise et du grand patronat. La charité n'est qu'un prétexte, une étiquette : le but est d'empêcher le libre développement des syndicats ouvriers, d'enrégimenter les électeurs en troupeaux dociles qui accepteront les bulletins de vote de l'Eglise et les salaires de famine du puissant usinier.

Aux bourses du travail, aux syndicats ouvriers, on oppose des offices du travail catholiques, des syndicats jaunes qui prennent le mot d'ordre à la sacristie. L'entreprise a commencé.

Je citerai notamment la création d'offices du travail à Bourges, à Tours, à Angers, à Lille, à Saumur, à Armentières, à Arras, etc.; de maisons du peuple à Orléans, à Valenciennes, à Fourmies, à Herveluy... etc...

Notre-Dame sort de l'usine et s'entend à merveille à multiplier les attractions dans ses succursales. L'office du travail et la maison du peuple catholiques sont le centre des syndicats jaunes, un bureau de renseignements gratuits, un cabinet de consultations sur des questions professionnelles, une salle de conférences. Le curé d'une paroisse d'Orléans, qui fait prospérer une de ces maisons du peuple, indique nettement le résultat obtenu : « La foule est bientôt sympathique aux doctrines même du christianisme, et l'œuvre de sanctification devient tôt ou tard le terme de toute cette action. » Ce qu'il faut traduire en ces termes : — La doctrine chrétienne de la résignation livre un serf au patronat et conquiert les suffrages ouvriers aux candidats des congrégations.

La Belgique a servi d'exemple, de champ d'expériences. Depuis vingt ans, la domination cléricale y est assise sur un étonnant ensemble d'œuvres de foi, de prière et d'enseignement, d'œuvres sociales et charitables. Ce sont les mêmes qu'on a propagées en France ou qu'on se propose d'y établir. La Congrégation en recommande l'emploi pour asservir les paysans français.

Le principal moyen est de fonder des caisses rurales dans chaque paroisse. On en a fait l'essai dans le Nord, le Pas-de-Calais, la Meuse, etc., et il a réussi. La Congrégation demande qu'on le fasse en grand et partout.

La caisse rurale fait des prêts au tâcheron, au petit cultivateur, pour l'achat d'une tête de bétail, d'une pâture, d'une masure. Elle se fait rembourser par petite somme et elle tient le travailleur de la terre par le crédit.

Le curé est généralement son fondateur et son trésorier. La cure est le comptoir. Un des organisateurs caractérise ainsi le premier résultat du système : « Les « fréquentes visites que doit faire tout emprunteur au « secrétaire-trésorier qui, neuf fois sur dix, est et ne « peut-être que le curé de la paroisse l'amènent rapi- « dement à la pratique de la religion. »

Un autre précise encore plus nettement les visées de la Congrégation et le véritable objet de le caisse rurale : « Le système juif démontre que celui qui tient la clef « de la bourse tient par là même celle des âmes et des « cœurs. Patriotes et catholiques, laïcs et prêtres, nous « devons faire comme eux et nous emparer, par ce « moyen aussi simple que pratique, de la Clef dans « chacun de nos villages, pour la plus grande gloire de « Dieu, le salut des âmes et le relèvement de notre « malheureuse patrie. »

La Caisse rurale vient en aide aux cultivateurs ayant besoin de quelque crédit pour faire des achats, par l'intermédiaire du syndicat. Aussi, pour augmenter son importance sociale, — j'entends par là sa valeur électorale, — on veut unir les caisses rurales aux syndicats agricoles catholiques, et faire graviter autour de ces industries une série d'autres œuvres : laiteries coopératives, mutualités, etc., puis fédérer ces diverses associations et créer des caisses régionales de crédit agricole pour les faire bénéficier des avances ou prêts gratuits sur les fonds mis à la disposition de l'Etat par la Banque de France, en vertu de la loi du 17 novembre 1897.

Le résultat escompté de cette entreprise cléricofinancière c'est, — une citation suggestive va vous la rappeler : — « Là où la caisse rurale tient le haut du « pavé, l'esprit chrétien, la pratique de la loi de Dieu « sont en honneur. N'est-ce pas suffisant pour engager « les catholiques à travailler dans ce sens et de toutes « leurs forces ? »

Si vous voulez enfin saisir sur le vif la machination cléricale et démêler les mailles du filet que la Congrégation va étendre à la France entière, je vous prie de la voir à l'œuvre dans la Meuse. En une seule année, en 1898, les curés de ce département ont fondé vingt syndicats et bien d'autres depuis ; ils y ont rapidement annexé de nombreuses œuvres et, — ce sont eux qui le disent et font l'énumération — ils ont formé des coopératives de consommation et ouvert des pharmacies ; ils achètent des laines, vendent des bestiaux, improvisent des foires.

Le presbytère est transformé en magasin syndical ; un de ces ecclésiastiques l'écrit lui-même : « Le magasin, ouvert deux fois par semaine, est tenu par M. le Curé. »

Ces hommes, qui savent mêler agréablement le sacré et le profane, le commerce des âmes et des denrées, poursuivent un but que vous devinez clairement. Un bulletin du syndicat renseigne les syndiqués et, naturellement, c'est un supplément agricole de la *Croix* qui est ce bulletin. A la première page, le pieux journal insère la chronique du syndicat et donne la note religieuse et sociale de l'organisation; et au verso, des conseils d'agriculture.

Ces curés n'ont pas perdu leur temps. La Meuse est revenue à la bonne doctrine. Cette terre d'élection du nationalisme a élu trois bouillants nationalistes sur quatre députés, en avril dernier. La Congrégation y gouverne autant par l'ouverture d'un crédit à la caisse rurale et par les multiples combinaisons du syndicat agricole que par la promesse du paradis et la menace de l'enfer.

Une dernière citation fera mieux comprendre l'efficacité de ce système qui, je le répète, est emprunté à la Belgique :

« Le curé belge groupe les adhérents aux mutualités « du bétail, les organise par sections, correspond avec « les curés gérants des sociétés voisines. Il se forme « ainsi une vaste association embrassant toute la pro- « vince. »

« Les curés belges donnent des cours d'agriculture, « collaborent aux journaux des syndicats, fondent des « sociétés coopératives qui, toutes unies, font la loi sur « les marchés. Ils comprennent en un mot le rôle « social qu'ils ont à remplir et ils s'en acquittent pour « le plus grand bien des âmes et le progrès de la « religion. »

« Si d'ailleurs, lors d'un changement ou par suite de « maladie, le curé ne veut ou ne peut plus s'occuper « des œuvres, les laïques qui ont été lancés continuent « le travail commencé. »

Et oui ! le curé lance l'affaire et, s'il le juge utile, passe la main à de bons laïcs, nourris du suc de l'Eglise et dévoués à sa grandeur. Le paysan est pris par l'intérêt, catéchisé avec habileté, enrôlé tout doucement dans la grande armée cléricale. C'est ainsi qu'on a fondé en Belgique un parti catholique formidable; c'est la tentative qu'on poursuit en France avec la ténacité propre aux gens de sacristie. La Congrégation conseille, pousse, agit dans l'ombre; elle donne le branle à son comité parlementaire et électoral, l'*Alliance Libérale*, pour le grand rendez-vous de 1906.

L'ÉGLISE CONTRE LA RÉPUBLIQUE

Par les œuvres dites de foi et de prière, une immense clientèle d'hommes et de femmes est recrutée, disciplinée, hiérarchisée; elle contribue aux frais du culte et fournit le premier et solide contingent d'électeurs fanatisés au service de l'Eglise.

Par l'enseignement supérieur et professionnel, et par l'enseignement secondaire, la Congrégation continue sa main-mise sur l'aristocratie de naissance ou de fortune et elle conquiert la moyenne bourgeoisie; elle déverse dans les professions libérales et les emplois industriels un état-major qui encadrera les masses électorales populaires. Par l'enseignement secondaire et primaire, elle possède la majorité des femmes et elle façonne le cerveau d'une importante minorité des futurs citoyens.

Par les œuvres dites sociales et charitables, jeunesse catholique, cercles catholiques d'ouvriers, patronages, œuvres post-scolaires, mutualités, etc., comme par les œuvres d'assistance aux malades et de distribution de secours aux pauvres que l'Etat, les départements et les communes ont eu le grand tort de ne pas laïciser, l'Eglise exerce une influence directe sur des centaines de milliers de travailleurs qu'elle enrôle pour le scrutin.

Son audacieuse entreprise de division de la classe ouvrière urbaine par les maisons du peuple, les offices du travail catholiques et les syndicats jaunes coïncide avec sa tentative d'embrigadement de la classe ouvrière paysanne par les caisses rurales, les mutualités agricoles et les syndicats agricoles catholiques auxquels elle va se consacrer avec un redoublement de persévérance et d'activité.

Je ne fais que mentionner le secours inappréciable que lui apportent ses 40,000 chaires, une quantité de journaux et de publications, la grande armée de 250,000 prêtres, moines et sœurs, les millions du budget des cultes et les millions extorqués à la crédulité publique.

L'Eglise constitue ainsi la plus formidable machine de guerre électorale qui existe en France, et on comprend aisément qu'elle ne se laisse pas décourager par un échec. Sa déroute du 27 avril et du 11 mai dernier n'a inspiré à ses directeurs que le désir furieux de prendre une éclatante revanche en 1906. Tous les puissants ressorts de son organisation séculaire vont être tendus vers ce but. Son dogme est immuable, mais sa tactique de combat s'est rajeunie et s'adapte à toutes les transformations de la société moderne. La Congrégation ne cesse de le répéter : « Les élections, c'est l'œuvre des œuvres », et, pendant quatre ans, l'*Action Libérale* va s'y consacrer exclusivement.

LE PARTI RADICAL ET RADICAL-SOCIALISTE. SON ORGANISATION. — SA MÉTHODE DE TRAVAIL.

Heureusement nous sommes avertis et sur nos gardes. La France conjure toujours le péril clérical quand elle en a la nette perception, et jamais il ne fut plus évident ni plus menaçant.

Nous pouvons mettre en ligne la grande majorité des citoyens français qui a démasqué et repoussé l'ennemi au Seize-Mai, au Boulangisme, sous l'étiquette méliniste comme sous la défroque nationaliste. Tous les esprits libres sont d'accord avec nous pour défendre l'Etat contre l'Eglise, la République contre la Congrégation. Le parti radical et radical-socialiste est le mieux organisé, le mieux outillé pour conduire la bataille et prendre les mesures d'offensive et de défensive qui s'imposent.

Nous avons établi notre programme au Congrès de 1901 ; il est formel, il indique d'abord « les réformes qui visent le cléricalisme » et, je l'ai constaté plus tôt, il marque notre volonté unanime d'aboutir à la séparation des Eglises et de l'Etat. Nous avons donc à demander au Parlement de voter la série des lois préparatoires qui permettront de procéder à cet affranchissement, par gradations rapides, sans que la République en éprouve du dommage.

En supprimant les monopoles et privilèges de l'ennemi et en le délogeant des forteresses où la faiblesse des anciens gouvernants l'a laissé s'enfermer, vous diminuez ses forces et paralysez son action. Une offensive hardie nous assurera l'avantage ; la rupture avec la papauté se fera ensuite sans risques.

LE PARTI RADICAL ET LE CABINET

Si je n'avais défini d'abord notre entente complète sur la politique à suivre, sur les mesures d'offensive, je n'aurais pu tracer notre méthode de travail et de propagande. L'idée dirige l'action. Etroitement unis sur le programme politique, économique et social, — le Congrès de 1901 en a précisé les termes, — nous n'avons plus qu'à rechercher les meilleurs moyens de lui conquérir la majorité. Notre action vise le Parlement et le pays.

Parlementairement, la responsabilité de notre parti a déjà commencé. La majorité du cabinet actuel est composée de républicains de notre nuance ; le programme ministériel comprend une partie des réformes inscrites dans le nôtre ; le président du Conseil et ses collègues sont résolus à en réclamer la discussion et le vote. Dès lors, le devoir du parti radical et radical-socialiste est de soutenir résolument le ministère Combes dans son œuvre réformatrice, de le défendre contre les embûches et les intrigues, et de le faire durer longtemps pour qu'il ait la faculté de faire le plus de bien possible. Plus il montrera de fermeté à faire respecter les lois de la République, de rigueur à exiger le concours des fonctionnaires, d'ardeur novatrice dans ses propositions de réformes, et mieux il répondra aux espérances et à la confiance de notre parti.

C'est surtout vers la propagande de nos doctrines, vers la lutte contre le cléricalisme, contre la contre-révolution, que nos efforts doivent porter. L'éducation du suffrage universel et la forte organisation du parti radical et radical-socialiste restent notre principale mission. La création de comités adhérents, la formation des fédérations départementales, la propagande par la presse, la brochure, le livre, les conférences et les affiches, les œuvres d'enseignement populaires, d'assistance et de solidarité sociales sont nos moyens d'action.

LES COMITÉS ET LES FÉDÉRATIONS

Le Congrès de 1901 avait affirmé la puissante vitalité du parti ; la magnifique assemblée qui forme aujourd'hui le Congrès de 1902 témoigne des progrès de notre fédération ; ils ne sont pas suffisants.

Nous recommandons instamment la création d'un comité au chef-lieu de chaque commune; d'un comité cantonal par les délégations des comités communaux; d'une fédération d'arrondissement par les délégations des comités cantonaux; et d'une fédération départementale par les délégations des fédérations d'arrondissement.

Dans plusieurs départements, cette organisation a été établie; dans un certain nombre d'autres, elle est à l'étude ou en préparation. Il est indispensable de la constituer partout. Nous tenons des modèles de statuts à la disposition des comités adhérents.

Chaque comité ou fédération conserve son autonomie et sa vie propre tout en participant à l'action générale du parti. Leur affiliation est de rigueur au comité exécutif élu par le congrès annuel.

LE COMITÉ EXÉCUTIF

Le Comité exécutif est chargé de veiller au développement du parti, à la propagande, à la formation du secrétariat général. Son rôle n'est pas de délibérer sur des programmes, mais de manifester son existence par des actes; de stimuler les initiatives et de concourir à la création des groupements; de conseiller les citoyens et les collectivités; d'empêcher les conflits entre les membres du parti et d'arbitrer les litiges soumis à son examen; d'intervenir le plus énergiquement possible au premier tour de scrutin en faveur des candidats du parti, et au second tour pour faire respecter la discipline républicaine; de provoquer des manifestations importantes au profit de ses candidats et de son programme, et de s'associer à celles des groupes adhérents; de défendre en toutes circonstances les intérêts supérieurs de la Fédération avec l'autorité que lui confère le Congrès, assemblée plénière et souveraine du parti.

LES COMITÉS ADHÉRENTS

Nous insistons sur la nécessité de créer partout des comités communaux : ils sont, en quelque sorte, les cellules du parti, la base de son existence et la condition de son développement. Nous n'ignorons pas que leur formation est parfois difficile; nos amis sont isolés en de nombreuses localités, la cure les met en quarantaine, la réaction les menace dans leur commerce, leur industrie ou leur travail ; mais, en se groupant, ils créent une force et en imposent à leurs adversaires. Minorité hier, ils seront majorité demain.

Nous devons surtout combattre le secret penchant ou la commune erreur de divers hommes politiques qui s'opposent à la création des comités. Quelques-uns — c'est l'exception, — voient dans ces comités un pouvoir rival qui échappera à leur influence et leur suscitera un concurrent ; cette étroite considération a souvent dicté la conduite des soi-disant progressistes, rarement celle de nos amis. Quelques autres, qui ont rendu de grands services au parti et ont arraché de haute lutte une circonscription à la réaction, finissent par croire qu'ils incarnent la République dans leur arrondissement ou leur canton. Une organisation du parti leur paraît inutile puisqu'il triomphe en leur personne et qu'ils se sentent de taille à écraser l'ennemi en toute rencontre. Mauvais calcul et funeste illusion.

A ceux-là comme à ceux qui prêtent un concours insuffisant à la formation des comités, nous adressons une chaleureuse exhortation. Le comité est l'instrument d'émancipation, le moyen de défense, l'outil de combat.

Par le comité, on échappe à la tutelle de la cure et du château et on résiste à la pression du grand propriétaire terrien et du puissant usinier. Sans comités, le suffrage universel n'est pas maître de désigner son candidat ; il est trop souvent obligé d'accepter, au détriment du programme, le potentat de clocher.

Par le comité, le républicain s'habitue à la connaissance et à la discussion des affaires publiques et exerce son juste contrôle sur les actes de son représentant. Sans comités, l'électeur est incapable de défendre son droit individuel et de sauvegarder les intérêts généraux.

Le comité est l'interprète autorisé de la communauté républicaine auprès des pouvoirs publics ; sa vigilance s'exerce à signaler les abus et à empêcher les iniquités, à surveiller les manœuvres réactionnaires et à les déjouer.

Le comité se livre à la propagande des doctrines, organise les conférences, prépare la lutte électorale, assure la victoire. Aux dernières élections, nous avons failli succomber sous le poids des candidatures d'argent et nous attendons du Parlement des lois qui garantissent enfin la liberté et la sincérité du vote, limitent les dépenses et répriment la corruption électorale. Les comités ont été notre sauvegarde. Avec un dévouement incomparable, auquel le Comité exécutif rend un éclatant hommage, les membres des comités radicaux et radicaux-socialistes se sont jetés dans la mêlée.

Ces bons citoyens ont prodigué leur temps, leur argent, veillé à l'affichage, aux distributions de journaux, de circulaires, de bulletins, organisé les réunions privées et publiques. Leur désintéressement, leur fidélité aux principes et leur zèle ont contre-balancé la puissance de l'or et les forces de réaction.

Je pourrais citer de nombreux arrondissements où nos candidats ne l'ont péniblement emporté que parce que les comités avaient été formés tardivement, en pleine bataille. J'en pourrais nommer d'autres où la défaite est due à l'absence de comités. Que la leçon ne soit pas perdue ! Créons partout des comités. L'organisation est la condition de la victoire.

LA PRESSE, LES CONFÉRENCES, LES ŒUVRES D'ÉDUCATION ET D'ASSISTANCE

Les conférences, l'affiche, l'image, la brochure secondent efficacement la propagande individuelle et celle des comités. Nous n'en saurions trop recommander l'emploi ; nous savons que, malheureusement, le défaut d'argent paralyse les meilleures volontés. Le Congrès délibérera sur les propositions de sa commission des voies et moyens financiers.

Nous voulons appeler votre attention particulière sur la propagande par la presse, dont le rôle grandit chaqu jour. Je ne fais qu'acquitter un devoir de reconnaissance en remerciant les journaux parisiens de notre parti : *le Radical*, *la Lanterne*, *le Rappel*, *la Fronde*, etc., et les journaux de province, d'avoir soutenu avec tant d'énergie les candidats du parti.

A Paris, nous n'avons plus, comme autrefois, la majorité de la presse avec nous et les élections s'en ressentent. C'est une raison de plus pour aider à la diffusion des journaux de notre nuance et pour contribuer à la création de nouveaux organes.

En province, les grands journaux régionaux et les meilleurs journaux départementaux propagent nos doctrines. Leur intervention est décisive, leur expansion a modifié les classifications usuelles de la géographie.

Politiquement, il n'y a plus en France de région du Sud-Est, du Sud, du Sud-Ouest. Il y a la région du *Progrès* de Lyon et du *Lyon Républicain*, du *Petit Provençal* de Marseille, du *Petit Méridional* de Montpellier, de la *Dépêche* de Toulouse, de la *France* de Bordeaux, pour ne citer que les journaux régionaux les plus répandus.

Chacun d'eux publie des éditions successives, rayonne dans un certain nombre de départements. Là où il est lu, la place nous appartient. Au fur et à mesure qu'il prend des lecteurs aux feuilles parisiennes qui n'ont pas de couleur politique ou nous sont hostiles, la République gagne des électeurs.

Le périmètre de vente de ces grands quotidiens est notre forteresse. Admirablement outillés, rédigés, administrés et dirigés, la puissance de leur action politique a pour base une remarquable prospérité commerciale.

Dans les autres régions, le succès de nos idées est intimement lié à l'essor de nos journaux. Nous triomphons dans les départements où nous avons le grand quotidien.

Le *Progrès du Nord* à Lille, le *Petit Ardennais* à Mézières-Charleville, le *Petit Troyen* à Troyes, la *Dépêche du Centre* à Tours — je suis obligé d'arrêter cette énumération qui serait trop longue et les journaux des autres départements me le pardonneront — ont une clientèle immense dans leur département. La conséquence est immédiate : ayant les lecteurs, nous avons les électeurs.

Je voudrais pouvoir citer aussi d'autres quotidiens, de nombreux tri, bi et hebdomadaires qui combattent le bon combat dans leur département, leur arrondissement et leur ville. Leurs rédacteurs montrent, dans des conditions souvent difficiles, autant de talent que d'intrépidité. Nous leur devons de résister ici à l'assaut de la réaction, là de gagner du terrain, ailleurs de préparer les conquêtes de l'avenir.

Tous les républicains radicaux et radicaux-socialistes ont l'obligation impérieuse de contribuer à la diffusion de ces grands quotidiens régionaux et départementaux, des quotidiens moins répandus et de ces modestes feuilles tri, bi et hebdomadaires qui sont la force du parti, et, je n'hésite pas à le dire, d'en recommander la lecture et l'abonnement, de leur réserver leurs annonces et réclames de préférence à certains organes qui, sous le prétexte de garder la neutralité ou de maintenir l'équilibre entre les partis ou de se consacrer à l'information, oublient et font oublier les principes, ménagent l'adversaire et songent surtout à débiter du papier.

« La foi qui n'agit pas n'est pas une foi sincère. » Hommes de luttes, parti de combat, citoyens actifs de la République, nous condamnons la tiédeur, l'indifférence; n'accordons notre confiance qu'aux journaux qui marchent à l'ennemi avec nous et sous notre drapeau. L'expérience me suggère cette formule : « Là où il y a un journal radical, il y a un électeur radical et un député radical. » Lisons et faisons lire exclusivement les journaux radicaux.

ŒUVRES D'ÉDUCATION ET D'ASSISTANCE

Nos comités groupent les citoyens pour la bataille électorale. A côté vivent et se développent des associations laïques qui sont vouées à l'éducation et à l'assistance sociale, à la protection du travail, de l'enfance, de la femme, etc., à l'émancipation de l'esprit et à la défense de la justice et du droit. Chacun de nous doit les aider dans la mesure de ses moyens, y pénétrer, y faire entrer ses amis.

La franc-maçonnerie, qui enseigne la tolérance, éduque les citoyens et recrute les cadres de l'armée républicaine; la Ligue de l'enseignement avec ses merveilleuses œuvres scolaires et post-scolaires; les caisses des écoles, les sociétés de libre-pensée, les sociétés de secours mutuels, les syndicats ouvriers et agricoles, les groupements de bienfaisance; cette splendide floraison de solidarité sociale qui a fait épanouir la République laïque : consacrons-nous à ces œuvres, donnons l'exemple, imposons-nous un sacrifice.

UNION DES RADICAUX ET RADICAUX-SOCIALISTES

L'honneur du parti radical et radical-socialiste est d'être l'héritier des principes de la Révolution et de garder le culte de l'idée et de la fidélité au programme. Notre propagande sert à libérer les cerveaux, à affranchir le vote, à conquérir la majorité. Notre tâche est de mettre d'accord nos actes avec nos doctrines et de faire prévaloir au Parlement les réformes politiques, administratives, fiscales et sociales pour lesquelles nous nous sommes prononcés.

Nos représentants au Sénat et à la Chambre sont animés du même esprit que nous. Nous avons en eux pleine confiance. Leur action est essentielle à l'organisation du parti que nous poursuivons dans les arrondissements; leur concours est acquis à l'œuvre d'offensive républicaine que propose le gouvernement. Cette collaboration intime nous promet de féconds résultats.

Unis sur la méthode, sur la doctrine et sur le but, nous saurons éviter les querelles intestines et les rivalités de personnes. Nous l'étions hier pour livrer la bataille, et nous l'avons gagnée; nous le resterons demain pour qu'elle profite à la République et pour assurer l'avenir.

Bientôt, probablement, quand le Parlement aura refusé l'autorisation aux congrégations enseignantes et prédicantes, abrogé la loi Falloux et arraché aux congrégations la liberté de déformer l'enfance et la jeunesse, le cléricalisme fomentera une vaste agitation et troublera l'ordre public : les tentatives faites en août étaient destinées à tâter l'opinion. Nous ne nous laisserons pas intimider et nous ne reculerons pas.

Au Parlement la majorité républicaine soutiendra vigoureusement le gouvernement résolu à faire appliquer la loi.

De notre côté, les comités et tous les républicains radicaux et radicaux-socialistes seconderont énergiquement leurs représentants et le Cabinet. Nous traversons une crise où il faut payer de sa personne, montrer de l'esprit politique, agir avec fermeté et désintéressement. Notre parti en a donné des preuves fréquentes. Citoyens, on ne fait jamais en vain appel à votre civisme, à votre clairvoyance et à votre abnégation patriotique. Nous maintiendrons notre étroite union contre l'adversaire. Nous redoublerons d'efforts pour la République.

Le Président. — On va vous distribuer ce rapport, vous en aurez tous, et nous mettrons à votre disposition tout ce que vous demanderez pour le distribuer autour de vous, dans vos comités. (*Applaudissements.*)

Ceux d'entre vous qui ont eu la patience d'écouter jusqu'au bout le rapport si substantiel du citoyen Bonnet reconnaissent maintenant qu'ils n'ont pa perdu leur temps. C'est là un travail considérable où il y a un exposé très instructif de la situation en ce qui concerne nos adversaires. A cette heure où il est nécessaire de prendre des précautions pour l'avenir, je ne crains pas de dire que c'est un manuel de tactique précieux pour tous ceux qui veulent prendre part à la bataille. Nous n'avons que des remerciements à adresser à notre collègue. (*Applaudissements.*)

J'ajoute que le comité exécutif que vous avez élu en 1901 termine actuellement ses travaux à ce Congrès : vous élirez le nouveau Comité dans votre dernière séance, je pense; jusque-là, le comité restera en fonctions, comme cela se fait toutes les fois qu'un pouvoir exécutif se retire, afin de maintenir la continuité des travaux.

Je vous donne connaissance d'un télégramme d'excuses que j'ai reçu du docteur Loque, député de Vaucluse. (*Lecture.*)

M. Symian. — C'est un nationaliste, le *Nouvelliste* le soutenait.

Le Président donne lecture de plusieurs télégrammes et lettres d'excuses.

Le Président. — J'avais oublié de vous présenter les regrets du sénateur Millaud, du Rhône.

M. Lefèvre. — Citoyens, je viens d'entendre la lecture qu'a dû nous faire le Président, d'un télégramme envoyé par M. Loque, actuellement député de Vaucluse, qui regrette de ne pouvoir assister à ce Congrès. M. Loque avait cherché à pénétrer au Congrès de 1901 et j'ai eu l'honneur, en ma qualité de rapporteur de la commission de vérification des pouvoirs, de proposer, ce qui a été ratifié par le Congrès, l'exclusion de M. Loque, à cause de son attitude nationaliste dans une élection du quatorzième arrondissement de Paris (*Applaudissements*) et dans la Vaucluse. De plus, M. Loque a été représentant de la coalition cléricale et nationaliste d'Orange, et c'est en cette qualité qu'il a battu, à quelques voix près, notre candidat M. Paul Faure. L'élection de M. Loque est une des plus vicieuses ; elle est soumise à la Chambre, elle n'est pas validée et elle ne peut pas être validée. Je demande au Congrès de 1902 de persister dans la résolution du Congrès de 1901 et de déclarer qu'il n'a pas à accepter les excuses de M. Loque. (*Applaudissements.*)

Le Président. — A la suite des observations que vient de nous présenter notre collègue M. Lefèvre, il n'y a qu'à déclarer que nous considérons le télégramme de M. Loque comme non avenu.

Le Président. — La parole est au citoyen Hubbard sur l'organisation des commissions.

M. Hubbard. — Je prends la parole à propos de l'organisation des commissions. Nous allons maintenant commencer le travail pratique, car il ne faut pas oublier, citoyens, que nous ne sommes pas organisés ; nous sommes ici véritablement la première assemblée constituante du parti. L'essentiel est d'utiliser toute notre énergie, toute notre initiative ; il faut travailler beaucoup. Il faut qu'il y ait le plus de travailleurs possible, faisant le plus de besogne possible. Pour arriver à ce résultat, je vous propose de nous diviser en cinq chantiers bien organisés et de travailler tout de suite, afin que demain, à l'ouverture de la séance générale du Congrès, on vous présente non pas des phrases, mais des rapports étudiés, précis, ayant des sanctions immédiates, comportant des résolutions à prendre.

Voici l'énumération des cinq chantiers qui vous sont proposés par la commission exécutive — sauf amendements — si vous le jugez utile.

Le premier chantier sera chargé de la vérification des pouvoirs. J'indique l'intérêt politique de ce travail, c'est celui souligné par M. Lefèvre à propos de M. Loque. Il faut procéder rigoureusement à la vérification du titre de radical ou de radical-socialiste, et ceux d'entre nous qui auront quelques griefs à faire valoir, qui auraient, à l'égard de certaines personnalités, quelque chose sur le cœur peuvent venir nous donner des renseignements utiles ; je les supplie de venir s'expliquer et discuter au sein de la commission où l'on procèdera à la vérification des pouvoirs.

Le deuxième chantier c'est celui de la commission des statuts et règlements du Parti. J'invite nos amis à se rendre dans cette commission. Remarquez qu'il y a deux choses à faire : c'est un très gros travail, il faut apporter des statuts qui soient les meilleurs si possible, il faut établir solidement les bases de notre constitution, il faut aussi que ces statuts soient clairs, soient simples ; il faut dans l'intérêt du travail — et je parle pour les cinq commissions — que les rapports soient concis et nets, que par exemple pour le règlement il renferme au plus cinq ou six articles, c'est suffisant, il ne faut pas en mettre trop : c'est le règlement du parti et il ne peut se modifier beaucoup. Il faut que le règlement prévoie la nomination de la commission exécutive ; dans trois jours nous ferons les élections, je crois que dans la séance de la veille nous pourrions nous occuper de la question et du mode de cette élection. C'est grave, important et délicat. Il faut que le rapporteur prépare le travail et qu'il puisse clore son rapport à temps pour arriver à la séance avec le travail achevé.

La troisième commission porte le titre de : « Déclaration de principe et programme immédiat du Parti ». Nous avons la déclaration de l'année dernière, nous verrons s'il y a lieu ou de la reproduire ou de la préciser, ou d'en faire une nouvelle. Ensuite, cette commission se prononcera sur la question du programme immédiat du parti, la profession de foi du parti, sur l'action immédiate. C'est cette commission qui délibérera sur l'adresse que nous avons tous votées en principe et sur laquelle il n'y avait pas de malentendus. Puis enfin elle aura à s'occuper de la situation du parti radical-socialiste de Marseille à propos de laquelle le citoyen Estier nous a fait une communication. Tous les délégués qui ont des communications à faire au point de vue de la profession de foi du parti, de l'action immédiate, au point de vue de la question des fonctionnaires voudront bien rester dans la salle et prendre part aux travaux de cette commission.

Voici maintenant la commission des voies et moyens financiers, du budget : c'est une question vitale. J'entendais parler tout à l'heure de l'impression du rapport ; c'est très bien, mais avec quels fonds ? On a parlé de propagande par l'image à bon marché, par des fêtes à organiser ; c'est fort bien, mais je le répète, avec quels moyens ? C'est la question primordiale. De rouages financiers, nous n'en avons pas ; jusqu'à présent il n'y a rien en marche ; nous sommes ici à faire une tentative, il n'y a rien de régulier. Cette commission se réunira et nous présentera un rapport le plus court possible qui, il faut l'espérer, nous apportera la solution désirée.

Enfin, la commission de propagande et de méthode de travail va se réunir également.

Voilà donc la proposition que je fais au point de vue des commissions ; j'en demande l'adoption en principe.

Adoptez-vous la division en cinq commissions ?

Plusieurs voix : Oui, oui !

M. Hubbard. — S'il y a des amendements... (*Cris* : Non, non !) nous allons les discuter, puis nous nous disperserons pour nous mettre tous à l'œuvre. Il faut que dès demain le Congrès soit en présence de rapporteurs régulièrement nommés et qu'il puisse passer aux résolutions.

Admettez-vous la formation des cinq commissions telle qu'elle vous a été proposée ?

Plusieurs voix : Oui, oui !

Un Délégué. — Combien de membres par commission ?

Le Président. — Cela dépend de l'importance des commissions. Il est entendu que si quelqu'un d'entre vous appartenait à une des commissions sur lesquelles il y a son nom et désire participer aux travaux des autres commissions, il en a le droit.

Le Président. — Nous avons encore quelques communications à vous faire.

M. Debierre. — Vous me permettrez de dire un mot au sujet de la constitution des commissions. Je crois que, de la façon dont les commissions vont être constituées d'après ce que vient de dire notre collègue et ami Hubbard, ces commissions ne fonctionneront pas ou elles fonctionneront avec la plus grande défectuosité. Les grandes commissions, nous le savons tous par expérience, ne font jamais rien; ce sont des commissions irresponsables, ce sont des commissions qui ont l'irresponsabilité de l'anonymat. Eh bien, je demande qu'au contraire ces commissions comprennent au maximum cinq commissaires que vous désignerez vous-mêmes. Alors, devant chacune des commissions tous les congressistes qui auront des questions, des observations à présenter ou des objections à faire prévaloir se présenteront dans ces commissions dont on donnera très nettement l'indication du local et les heures de réunion des commissaires.

M. Hubbard. — Cette proposition serait très intéressante si nous nous connaissions; nous sommes tous des hommes voulant travailler et atteindre le même but, mais nous ne nous connaissons pas autrement. Vous avez entendu le désir qui vous a été exprimé ; si nous avions le temps de nous constituer, ce serait pour le mieux...

Je crois que ce que nous avons de mieux à faire c'est d'inviter ceux qui veulent faire partie des commissions à se réunir immédiatement; on fera alors un choix entre gens qui seront à côté les uns des autres.

Le Président. — Acceptez-vous la proposition de M. Hubbard ?

La proposition de M. Hubbard est adoptée et la séance est levée.

SÉANCE DU 10 OCTOBRE 1902

La séance est ouverte à 9 heures.

M. Delpech. — Citoyens,

Je vais occuper provisoirement le fauteuil de la présidence pour vous donner communication de deux lettres qui m'ont été adressées directement, l'une par un ami dont le nom est cher à tous, puisqu'il personnifie, dans tout ce qu'elle a de plus respectable, la conscience même du parti démocratique dont nous sommes. Cette lettre est de notre ami Brisson retenu à Paris par une raison majeure. La seconde est de notre ami Trouillot. *(Applaudissements.)*

M. Delpech. — Maintenant, citoyens, vous avez à nommer celui qui sera chargé de présider votre séance ; et, si vous nous le permettez, nous allons vous indiquer un nom sur lequel l'accord s'est fait à la suite d'une discussion qui a eu lieu ce matin soit dans le comité exécutif, soit dans d'autres groupes considérables composés de citoyens qui sont ici dans la salle. Le nom qui est offert à vos suffrages est celui du citoyen Dubief... *(Acclamations prolongées.)*

Je suis également chargé de vous prévenir que l'on offrira à vos suffrages demain et après-demain pour la présidence 1° pour demain, le nom du citoyen Maujan ; 2° pour après-demain matin, car nous estimons qu'il faudra avoir une séance dimanche matin, vers 9 heures, celui du citoyen Buisson. *(Applaudissements.)*

J'étais chargé de vous donner ces indications et je me suis acquitté de ma mission. Maintenant je mets aux voix le nom du citoyen Dubief pour la présidence de la séance d'aujourd'hui.

M. Dubief est proclamé président.

M. Delpech. — Je vais tout à l'heure et avec grand plaisir céder le fauteuil de la présidence au citoyen Dubief, mais je vous demande de vouloir bien maintenant désigner les vice-présidents.

M. Simonet. — Citoyens, au lendemain des élections législatives, nous avons appris avec une profonde tristesse combien les électeurs parisiens s'étaient montrés ingrats envers le citoyen Brisson, dont vous venez d'acclamer le nom. Eh bien! j'estime que l'homme qui, représentant depuis plus de seize ans une circonscription, est venu spontanément offrir cette circonscription à celui qu'allait ravir au Parlement l'injustice d'électeurs fourvoyés, j'estime que le citoyen Chevillon qui est ici, doit être désigné par nous tous comme vice-président de cette séance, et cela en témoignage de notre reconnaissance et de notre admiration. *(Longues acclamations.* Cris de : *Vive Chevillon!)*

M. Chevillon. — Citoyens, je refuse absolument le grand honneur qu'on veut me faire, je ne cherche aucune récompense. Je décline toute candidature. *(Cris :* Non! non! acceptez!)

M. Delpech. — Citoyens, je vous en prie, soyons plus disciplinés. D'abord le citoyen Chevillon a pris la parole sans y être autorisé *(Rires)*, il est donc dans l'obligation absolue, pour se conformer aux principes démocratiques qui sont les nôtres, de se rendre à la manifestation unanime de l'assemblée. *(Applaudissements.)* En conséquence je propose à vos suffrages le nom du citoyen Chevillon pour la raison supérieure qui vient de vous être indiquée.

Le citoyen Chevillon est acclamé vice-président.

Nous présentons également à vos suffrages les noms des citoyens :

Patenne, conseiller municipal de Paris ; Crouzet, maire de Nîmes ; et enfin trois députés qui se sont dévoués, comme vous le savez, utilement à notre cause, les citoyens : Berteaux, Bourrat et Dauzon.

Les cinq noms présentés sont adoptés.

Comme secrétaires, nous présentons à vos suffrages les citoyens Philippe, Michel (Savoie), Gayet, Planchut, Bonnet et Gaidon. Ces deux derniers appartiennent, l'un, le citoyen Bonnet, au secrétariat permanent de Paris ; l'autre, le citoyen Gaidon jeune, est le très dévoué secrétaire général de la Fédération du Rhône.

Les six noms présentés sont adoptés.

Je n'ai maintenant qu'à prier notre excellent ami Dubief de venir prendre possession du fauteuil présidentiel. *(Applaudissements.)*

M. Reveillaud. — Citoyens, comme le citoyen Brisson n'a été empêché de venir à ce congrès que pour des raisons de famille très respectables et comme il est présent ici d'esprit et de cœur, je demande que nous saluions son nom, en le nommant président d'honneur de cette réunion. *(Applaudissements.)*

M. Delpech. — Inutile, n'est-ce pas, citoyens, de consulter l'assemblée ? C'est à l'unanimité que nous acceptons cette proposition. *(Acclamations.)*

Le citoyen Dubief prend place au fauteuil de la présidence et prononce le discours suivant :

Discours de M. DUBIEF

Citoyens,

Je suis profondément ému et reconnaissant à l'assemblée du témoignage d'estime affectueuse qui vient de m'être donné.

La vie publique a quelquefois des déceptions ; elle a ce que toute chose humaine apporte, son égoïsme ; elle donne le spectacle de pensées que n'inspire pas toujours le sentiment le plus généreux, mais il y a dans la masse profonde du suffrage universel, il y a dans les entrailles de la nation quelque chose qui vibre toujours et qui se rencontre, l'heure venue, et ce quelque chose, fait de bonté et de justice, ce sentiment, cette manifestation, vous venez de les voir éclater dans cette enceinte. (*Très bien !*)

Oui, il a passé ici un vent de reconnaissance — laissez-moi le dire — dont je suis fier et dont je vous remercie profondément. Ce qui honore les démocraties, c'est précisément ce sentiment généreux qui se dégage des collectivités, plus, peut-être que des individus ; mais je ne suis point ici, vous le pensez bien, pour vous faire un discours de sentiments. Vous m'en voudriez aussi si trop longtemps je retenais votre attention, alors que tant de travaux importants vous sollicitent.

Eh bien ! après les discours que vous avez entendus hier, reste-t-il grand chose à dire du but que nous poursuivons, des intérêts dont nous avons la garde ?

Citoyens, hier, on vous a dit que le parti radical-socialiste était en présence de l'éternel ennemi de nos institutions, de l'éternel ennemi de tous progrès, de celui qui crée dans la société contemporaine toutes les servitudes, de celui qui voudrait nous garder soumis à toutes les tyrannies de la terre et du ciel.

On vous a montré hier quel était l'ennemi contre lequel nous devons marcher bannière déployée ! On vous a montré aussi le gouvernement réussissant à faire reculer l'adversaire en faisant respecter les lois que nous lui avons donné pour mandat de faire exécuter.

On nous a dit cela. On nous a dit aussi quelles étaient certaines autres réformes qui devaient tenter notre ambition, mais peut-être a-t-on un peu trop oublié que si dans ce pays de France il faut libérer la nation des vieux liens qui l'ont attachée autrefois à l'Eglise, nous avions un autre mandat à remplir ; oui, nous avons un autre objectif et un plus haut idéal, car nous sommes non seulement le parti de la contre révolution, anticlérical par excellence, mais nous sommes aussi le parti de la régénération sociale. (*Applaudissements.*)

Oui nous avons à faire œuvre anticléricale ; oui nous avons à faire appliquer dans toute son intégralité la loi imparfaite et incomplète contre les congrégations ; oui nous avons à viser dans un horizon plus lointain la séparation de l'Eglise et de l'Etat. (*Applaudissements.*)

Une voix : Pas dans le lointain, tout de suite !

Quand je dis dans le lointain, j'entends que c'est une œuvre qu'il faut préparer dès maintenant pour en assurer la réalisation aussi prochaine que possible, car c'est là, citoyens, la seule, véritable et grande politique digne d'un parti comme le nôtre, politique de loyauté et d'honneur qui va droit au but, qui ne cache ni ses intérêts, ni ses moyens et qui réalisera l'affranchissement définitif de ce pays.

Pour cette œuvre, nous resterons unis, non seulement contre toutes les surprises de la Congrégation à l'intérieur, mais au dehors aussi, nous saurons nous appliquer à faire disparaître ce contraste choquant qui nous montre la France républicaine chassant de chez elle les congrégations qu'elle entretient de son or et protège de ses armes à l'étranger. (*Acclamations.*)

Mais quand nous aurons fait cela notre œuvre tout entière ne sera qu'ébauchée. Nous avons à songer aussi à ceux qui dans ce pays ont droit à une meilleure situation sociale. (*Très bien !*) à ceux qui sont la masse agissante et la puissance productrice de ce pays et qu'il faut élever à une condition meilleure, à ceux que nous devons appeler à nous pour les faire participer, dans la juste mesure à laquelle ils ont droit, à tous les bénéfices et à tous les avantages sociaux. (*Applaudissements.*)

Pour cela, il nous faudra assurer l'égalité de tous les enfants du peuple devant l'instruction rendue à l'Etat et réformer l'impôt. Trop longtemps l'iniquité fiscale a fait peser le poids le plus lourd sur les épaules les plus faibles. Il faudra enfin alléger la charge de ceux qui apportent au trésor national plus que la part qu'ils peuvent produire à force de sueur et de travail (*Applaudissements*), et il faut le faire parce que, sans cette réforme, nous n'aboutirions pas à l'œuvre nécessaire des retraites ouvrières et nous resterions sans moyen d'améliorer les conditions des travailleurs de l'usine, de l'atelier et des champs.

Oui, il nous faudra poursuivre cette œuvre de bienfaisance, de bonté, de générosité, de solidarité nationale. (*Une voix :* Et de justice !)

Oui, de justice, car le mot de justice ne doit pas s'étaler seulement au frontispice de certains monuments où vous savez bien comment on la rend ; il faut qu'elle pénètre partout. (*Applaudissements.*) Et puisque vous parlez de justice, puisque quelqu'un vient de me jeter ce mot je le prends et je dis : « Oui, il y a à faire beaucoup dans le domaine de la justice ; il faut chasser la barbarie de nos codes, il faut enlever la justice non seulement en temps de paix mais aussi en maintes circonstances en temps de guerre, à ceux qui sont incapables de la donner, aux juges militaires ». (*Applaudissements.*)

Je suis de ceux qui pensent que lorsque toute sa vie, à tous les degrés de la hiérarchie militaire on s'est habitué à obéir aveuglément ou à commander avec autorité, on a perdu le sens du discernement, la faculté initiale et nécessaire de distinguer ; le sens critique qui permet de juger en toute équité ; il faut rendre la justice à qui peut la donner ; au juge civil, et soumettre tous les citoyens à une seule et même juridiction. (*Applaudissements*).

Et puis, il faudra aussi que la justice civile elle-même bannisse un peu des prétoires toutes ces passions d'un autre temps qui s'y agitent et y bouillonnent et qui nous font assister à des scandales sans cesse renaissants. (*Applaudissements.*)

Voilà une partie de l'œuvre que nous avons à accomplir. Mais je ne veux pas empiéter sur le travail de vos commissions dont les rapports vous seront présentés. Travaillons donc, prenons toutes ces questions d'ordre politique, d'ordre anticlérical, d'enseignement fiscal, de solidarité, de générosité, prenons-les une à une. Vos rapporteurs nous exposeront leurs travaux, vous les examinerez, citoyens, en assemblée digne de ce nom, composée d'hommes libres qui doivent discuter sans violence, avec la courtoisie et la patience qui savent entendre la contradiction pour pouvoir répondre victorieusement.

Ainsi nous travaillerons ensemble dans ce congrès qui aura un retentissement considérable au dehors, qui ira dire au pays que ce parti est fondé sur des bases d'airain et de granit et que le parti radical et radical-socialiste est assez puissant pour faire entendre à tous sa volonté et prescrire au gouvernement lui-même les décisions que vous aurez prises. (*Acclamations.*)

Oui, nous dirons à notre gouvernement, nous dirons à nos ministres : Allez votre chemin, notre parti vous suit ; faites votre œuvre énergiquement, vous trouverez derrière vous des poitrines et des courages pour vous seconder et vous aider à triompher, pour vous faire la route large.

Ministres d'un grand pays, faites cette œuvre digne du vingtième siècle, qui fera la France libérée plus grande et qui nous permettra aussi, en jetant les yeux par-dessus les horizons des frontières, de voir l'Europe et le monde entier retrouver dans la France d'aujourd'hui la vraie France d'autrefois. (*Applaudissements*), qui a pu avoir ses crises de nerfs, ses moments de faiblesse, de défaillance, mais qui reste la France de la grande Révolution française qui a promené par le monde, sous le pas de ses soldats victorieux les grandes idées de liberté, d'égalité, de fraternité et j'ajoute de solidarité humaine.

(Applaudissements répétés : Cris : *L'impression ! l'impression !)*

M. Dubief. — J'entends, citoyens, demander l'impression de la hâtive improvisation que je viens de prononcer devant vous, car je ne m'attendais pas au très grand honneur de présider cette séance. Si vous le voulez bien, vous laisserez à la commission exécutive le soin de savoir s'il lui est possible, étant données ses ressources, de faire cette impression. Nous sommes obligés de compter avec nos deniers.

(*Cris :* Si ! si ! l'impression ! Nous souscrirons tous !).

M. Dubief. — Citoyens, je défère à votre désir et je mets aux voix la proposition qui vient d'être faite.

L'impression est votée à l'unanimité.

M. Dubief. — Je reçois du citoyen Millet, directeur du *Radical*, la note suivante demandant d'adresser un souvenir à la mémoire d'Emile Zola :

(*Cris :* Vive le droit ! Vive la justice !)

M. Dubief. — Je suis de ceux qui ont pour la mémoire d'Emile Zola le plus profond respect et la plus grande admiration, de ceux qui le considèrent non seulement comme un grand romancier de notre siècle, sinon le plus grand, mais encore comme le caractère le plus noble qui se soit produit dans notre temps et tout à l'heure vous l'avez compris, lorsque j'ai parlé de certaines crises de nerfs, de quelques défaillances. vous avez bien senti que je visais la crise nationaliste et antisémite qui a frappé la ville de Paris et atteint aussi quelques régions de la Province.

(*Une voix :* Malheureusement !)

L'heure est venue de dire peut-être que dans cette crise nationale, où un instant on a pu croire qu'allait sombrer la vieille réputation de notre patrie, ce qui avait fait sa gloire aux siècles précédents, on a pu croire qu'à ce moment une défaillance définitive allait nous atteindre, mais ces choses-là n'ont qu'un jour en France, ce sont des crises passagères. Le vieil esprit national s'est réveillé et la France républicaine d'aujourd'hui est digne de la France républicaine de la fin du XVIIIe siècle. La France d'aujourd'hui proclame que Zola est l'ouvrier d'une bonne œuvre, d'une grande œuvre, qui a donné à son pays non seulement une gloire littéraire sans pareille, mais encore le réconfort d'une conscience, s'élevant au-dessus de toutes les préoccupations étroites, dans la violence des pires outrages, pour proclamer dans ce pays le droit et la justice. (*Longue acclamation.*)

M. Dubief. — J'ai un certain nombre d'excuses à vous présenter de la part des citoyens Pierre Baudin, Laurent, Renault, Charnoz, Meunier, etc.

Toutes ces excuses sont libellées en termes différents, mais tous très sympathiques à l'œuvre du Congrès.

Je reçois également une dépêche du docteur Loque, député de Vaucluse. Nous allons, si vous le voulez bien, ajourner la lecture de cette dépêche, jusqu'au moment où la commission chargée de la vérification des pouvoirs aura à vous saisir de ses conclusions. (*Très bien.*)

Je reçois des citoyens Fernand Michaut, Beauquier, Le Foyer, la proposition suivante :

Arbitrage International.

Considérant que la guerre est la honte de la civilisation ;

Considérant que les dépenses auxquelles nous oblige la paix armée, sont la ruine de nos finances et nous conduisent, dans un avenir prochain, à la banqueroute ;

Considérant que les sommes consacrées aux armements pourraient être utilement employées à l'instruction publique, à la constitution de retraites pour les travailleurs, à tous les besoins si nombreux d'une société démocratique, et que les pénuries du Trésor empêchent les réformes les plus urgentes, les plus nécessaires à l'affermissement de la République ;

Le Congrès demande au gouvernement de favoriser toutes les ententes internationales susceptibles d'assurer l'organisation de la paix ; l'invite à conclure des traités permanents d'arbitrage avec toutes les nations disposées à entrer dans des voies pacifiques ; l'invite à soumettre tous les différends qui pourraient surgir dans nos relations diplomatiques, au Tribunal permanent d'arbitrage établi à la Haye, qui en ce moment même, sur l'initiative des Etats-Unis et du Mexique, a commencé à fonctionner.

M. Dubief. — Pour ne pas retarder nos débats, je vais mettre immédiatement aux voix cette proposition, ou plutôt ces conclusions du rapporteur, lequel s'est prononcé en faveur de la proposition de nos collègues.

Les conclusions sont adoptées.

(*Cris :* Vive la paix !)

Dans ce cas je donne la parole au citoyen Sarraut, rapporteur de la commission, qui s'est occupée de l'adresse à envoyer au ministère.

M. Sarraut. — Citoyens, votre Commission s'est réunie hier soir ; elle a décidé tout d'abord d'envoyer une adresse au gouvernement que nous avons en ce moment, au ministère Combes. La commission a désigné ensuite une sous-commission. Cette sous-commission avait élaboré un projet et je dois vous faire connaître les raisons qui l'ont fait refuser par la Commission dans sa réunion plénière.

La sous-commission avait proposé le texte suivant :

« *Le Congrès radical et radical-socialiste félicite le gouvernement pour l'énergie avec laquelle il a appliqué la loi sur les associations. Il compte qu'il ira jusqu'au bout dans l'œuvre de laïcisation, et que s'appuyant sur des fonctionnaires qui devront être loyalement républicains, il fera respecter toutes les lois de la République et apportera au Parlement sa collaboration effective pour la réalisation des réformes démocratiques et sociales.* »

Nous nous sommes réunis à une heure et il a été produit les deux textes que je vais vous indiquer très nettement.

Certains de nos amis nous ont fait, d'un côté, les observations suivantes : il faudrait que dans le vœu nous puissions faire entrer non seulement des félicitations pour les actes déjà accomplis, mais encore une phrase qui nous permette d'exprimer les aspirations du Congrès. C'est à cela que répondait la rédaction que je viens de vous lire.

Nous devons féliciter le gouvernement, c'est entendu, mais quant à engager des hommes politiques dans un ordre d'idées politiques et sociales, il nous a paru utile d'attendre, il nous à paru logique d'attendre que le Congrès ait pris des décisions et c'est sur le programme du Congrès que nous pourrons soumettre une nouvelle adresse plus complète à votre approbation.

Je dois ajouter que c'est cette décision du Congrès, que c'est cette seconde thèse qui a triomphé devant la commission et nous vous apportons aujourd'hui le vœu que voici et nous le soumettons à votre approbation :

« *Le Congrès radical et radical-socialiste félicite le gouvernement pour l'énergie avec laquelle il a appliqué la loi sur les associations. Il compte qu'il ira jusqu'au bout dans l'œuvre de laïcisation.* ».

Vous le voyez, citoyens, nous réservons les multiples questions qui touchent soit à la réforme nécessaire de l'impôt, soit à la question si importante des fontionnaires, soit à celle des retraites ouvrières, toutes questions, en un mot, qui sont soulevées ici ou qui seront soulevées ultérieurement quand le parti radical et radical-socialiste constitué aura indiqué ce qu'il veut, quels sont les moyens qu'il doit employer pour arriver à l'accomplissement de sa tâche. A ce moment là, alors, nous serons fondés à dire au gouvernement voilà ce que nous souhaitons, voilà ce que nous désirons et nous ne vous soutiendrons que si vous nous donnez satisfaction. (*Applaudissements.*)

M. Dubief. — Je répète la teneur du vœu proposé par la commission et je le soumets à votre approbation.

(Le vœu est adopté à l'unanimité.)

Le vœu étant adopté il sera envoyé au Président du Conseil.

M. Dubief. — Je reçois un télégramme du citoyen Knight, sénateur, qui s'excuse de ne pouvoir prendre part à nos travaux.

La parole est au citoyen Bellanger, rapporteur de la commission de vérification des pouvoirs.

M. Bellanger. — Citoyens, si vous le voulez, nous allons régler tout de suite l'affaire de la dépêche du docteur Loque. La commission n'a pas eu à s'occuper du docteur Loque, puisque vous aviez tranché vous-mêmes, hier, le différend en l'excluant comme l'année dernière, la commission, par conséquent, ne s'en est pas du tout occupé.

M. Bellanger. — Voici, citoyens, le rapport que votre commission m'a chargé de vous présenter :

Citoyens,

Votre première commission chargée de la vérification des pouvoirs s'est réunie, jeudi, à l'issue du Congrès, et vendredi, à 8 heures 1/2 du matin, pour procéder à sa mission.

Elle a nommé à l'unanimité M. Bellanger, délégué de Paris, président ; M. Fabius de Champville, délégué de Paris, vice-président ; M. Jules Cuttoli, délégué de Constantine, secrétaire-rapporteur.

Les pouvoirs de tous les congressistes ont été vérifiés et validés par la première commission, a l'exception de ceux de :

1° MM. Molina, délégué de l'association des groupes républicains de Talence (Gironde) et Giraud, délégué du Cercle Voltaire (Gironde) dont les pouvoirs, contestés par le docteur Dupeu, du Comité central républicain radical de Bordeaux et de la Gironde et par tous les représentants des comités radicaux et radicaux-socialistes de la Gironde, ont été rejetés par la majorité de la Commission.

2° M. Treille, sénateur de Constantine, dont les pouvoirs contestés par le docteur Cahen, délégué de Vichy, MM. Sost du Comité radical-socialiste de Charlas (Haute-Garonne) et Jules Cuttoli, délégué de Constantine ont été rejetés par l'unanimité de la Commission.

Celle-ci a en outre décidé de réserver l'examen de la contestation des mandats de MM. Condamin et Rosset, délégués du Comité radical-socialiste de Givors par MM. Dantoine et Ligonnet, de la société de propagande radicale-socialiste de Givors. Ces messieurs n'ayant pu être entendus.

Notre première Commission vous propose donc à la majorité de rejeter, les pouvoirs de MM. Molina et Giraud, délégués de la Gironde et, à l'unanimité, ceux de M. Treille, sénateur de Constantine.

Le vice-président.	*Le secrétaire-rapporteur.*	*Le président.*
FABIUS DE CHAMPVILLE.	J. CUTTOLI.	BELLANGER.

Nous allons procéder par ordre. La première contestation est celle des citoyens Molina et Giraud.

M. Dubief. — Il n'y a que trois membres du Congrès dont les pouvoirs sont contestés. Je demande à l'Assemblée de vouloir bien valider en bloc tous ceux dont les pouvoirs ont été validés. (*Très bien*).

Les délégués dont les pouvoirs ne sont pas contestés, sont validés en bloc.

Il reste trois mandataires dont les pouvoirs ont été contestés.

M. Giraud. — Citoyens, je viens vous demander de ne pas suivre votre première commission dans la voie qu'elle vous indique et, pour cela, je me base sur le programme de vos travaux qui a réuni le congrès ici. J'y vois en effet : 3° Commission : Propagande. Or, est-ce entre vous, avec vos électeurs que vous avez besoin d'organiser de la propagande ? n'est-ce pas pour amener à vous de nouveaux adhérents ? et ces adhérents, est-ce que vous n'irez pas les chercher dans les rangs républicains qui ne sont pas encore venus à vous? (*Bruit*). Alors si vous voulez que votre 3e commission de propagande rapporte des fruits est-ce que vous ne devez pas accueillir ceux qui, comme tant d'autres, après avoir pris connaissance de votre programme, de votre règlement ont trouvé dans le sein des comités, des cercles, une majorité suffisante pour imposer à tous les membres de ce cercle ou de ce comité l'envoi d'une délégation pour participer à vos travaux. (*Applaudissements.*) Est-ce que le Comité exécutif a demandé aux associations pour assister à ce congrès de faire acte d'adhésion au programme du Congrès radical et radical-socialiste? Et bien, en envoyant son adhésion, le cercle que je représente et qui compte plus de 300 membres, qui se serait tenu en dehors de la politique et qui, en voyant le parti radical et radical-socialiste s'organiser, vient à vous, se verra-t-il exclure ? Est-ce que vous aurez le droit de le refuser ? Citoyens, en terminant je vous dis : Je mets ses forces à votre disposition. (*Cris : aux voix !*)

M. Dupeu. — Citoyens, j'estime que si vous acceptez la thèse qui vient d'être soutenue, et sans certains éclaircissements que j'ai le devoir de vous donner, nous nous engagerons dans une très mauvaise voie. Sans doute, nous devons accueillir dans le parti radical et radical-socialiste, tous les hommes qui veulent venir à nous et qui se disent sincères républicains, mais il faut savoir distinguer. Or, quand vous avez devant vous un homme qui a été le président du comité électoral du citoyen Dormoy, lequel a fait échec au citoyen Jourde, qui, depuis douze ans, représentait à la Chambre la ville de Bordeaux, j'estime..... *(Bruit!)*

J'ai toujours soutenu le parti Waldeck-Rousseau, et le citoyen Jourde a obtenu l'appui du Comité de la rue Tiquetonne. D'autre part, je citerai les Decrais, les Monis, les Trarieux, et tant d'autres qui le suppliaient de se retirer de la lutte, le citoyen Dormoy, qui savait qu'il avait eu 3.000 voix de monarchistes, n'a pas hésité à se maintenir au second tour, pour faire échec à Jourde. Est-ce là l'acte d'un républicain sincère ? Ce que j'avance est démontré. Le citoyen Pelletan n'a pas hésité à envoyer au journal *la France*, une lettre ouverte dans laquelle il blâmait l'attitude de ces républicains. *(Applaudissements.)* Je n'admets pas que vous ayez ici des citoyens qui se disent radicaux et qui sont à Bordeaux de vulgaires opportunistes. *(Bravo! Bruit!)*

M. Charles Bos. — Citoyens, je demande à ajouter quelques mots à ce que vient de dire le citoyen Dupeu. C'est quand il affirme que le comité de la rue Tiquetonne a soutenu Jourde.

Le Comité radical et radical-socialiste a eu une attitude très nette. Au premier tour il n'a recommandé personne aux électeurs, parce qu'il a estimé que c'était aux électeurs à choisir leur représentant. Je le sais d'autant mieux que le jour où la décision a été prise, je présidais la réunion du Comité de la rue Tiquetonne.

Dans ces conditions, il est inexact de dire que le Comité de la rue Tiquetonne a recommandé la candidature de Jourde.

Au second tour il a dit : Partout où vous vous trouverez contre un réactionnaire, faites le bloc républicain. Je ne sais pas si dans l'élection dont il est question il y avait des candidats réactionnaires, et s'il était nécessaire de voter pour le citoyen Jourde, mais il n'est jamais venu à l'idée du Comité de la rue Triquetonne de soutenir des socialistes au détriment des radicaux et radicaux-socialistes. Je tenais à faire cette réserve. *(Applaudissements.)*

M. Berteaux. — Je viens ici remplir un devoir d'amitié vis-à-vis du citoyen Jourde, en même temps qu'un devoir de solidarité, un devoir plus élevé encore, un devoir de moralité républicaine. *(Très bien!)* Nous avons dit aux dernières élections, comme aux élections précédentes, — et pour ma part, j'avoue que je sortirai de la politique le jour où l'on adoptera une tactique différente — nous avons dit que nous ne connaissions pas d'ennemis à gauche. *(Très bien !)* L'ennemi est à droite, avons-nous dit, et que nous ferions dans toutes circonstances œuvre de discipline, de républicains, d'honnêtes gens, en votant pour ceux des républicains qui, au premier tour de scrutin, auraient remporté le plus grand nombre de suffrages. Or, le citoyen Jourde qui, dans les Chambres de 1893 et de 1898, a accompli une œuvre qu'on ne saurait critiquer au point de vue républicain, le citoyen Jourde auquel son ancien adversaire, M. Fernand Faure, rendait cette justice que, s'il avait été à Bordeaux lors des dernières élections, il aurait été le premier à voter pour lui, et à recommander aux socialistes de voter pour lui.

Le citoyen Jourde a eu une attitude irréprochable et moi qui étais assis à ses côtés j'ai pu le voir dans tous ses votes. En maintes circonstances, quand moi-même j'hésitais à donner ma voix au cabinet Waldeck-Rousseau qui ne me paraissait pas mériter la sanction complète des républicains, Jourde, faisant abstraction de toutes questions personnelles me disait : « Vous avez tort, il faut le soutenir quand même, car ce sont les seuls ministres capables pour mener à bien l'œuvre entreprise et qui est essentielle, vitale même pour la République. » (*Bravos !*) Je dis, sans vouloir adresser la moindre critique au Cercle Voltaire, que si on adopte la théorie d'après laquelle il serait permis dans certaines élections, au mépris des engagements qui ont été pris. (*Très bien !*) de faire certaines restrictions de conscience, restrictions qui sont dignes des jésuites. (*Très bien !*), et bien je dis que s'il est permis de faire ces restrictions de conscience, ce sont les meilleurs d'entre vous, les plus fermes, ceux qui n'hésitent pas à s'attaquer aux hommes en présence, qui assument les responsabilités, qui montrent leur poitrine aux coups de leurs adversaires, ce sont ceux-là que vous ferez battre, car il est très facile de désigner tel ou tel candidat qui se maintiendra au deuxième tour de scrutin.

Il recrutera les voix de tous les adversaires, puis il viendra siéger au Parlement, réclamant par-dessus le marché l'amitié, la sympathie, la confiance de ceux qu'il aura contribué à faire battre par l'intermédiaire des électeurs. (*Très bien !*) Non, citoyens, cette politique là on ne me la fera jamais suivre. Notre politique, elle, doit être absolument loyale. (*Applaudissements*), et s'il est arrivé que parfois des hommes qui siègent à gauche ont pu peut-être ne pas suivre la discipline, j'ose croire qu'il n'appartiennent pas au parti radical et radical-socialiste.

Je m'honore, pour ma part, d'avoir, pendant la période de 15 jours qui a suivi le premier tour de scrutin d'avoir fait la campagne pour un socialiste. (*Une voix :* C'est vrai ! pour le citoyen Renou!) J'ai été partout, je n'ai pas demandé aux hommes qui m'appelaient s'ils acceptaient absolument mon programme, je leur ai demandé purement et simplement s'ils étaient les ennemis de nos ennemis *(Bravos)*, s'ils étaient ceux que nos ennemis voulaient abattre et j'ai dû mettre ma poitrine entre eux et nos adversaires. *(Applaudissements.)*

M. Giraud. — On a parlé de loyauté, depuis 24 ans je lutte pour la République. Mes adversaires sont venus dans les réunions publiques, je suis un élu du suffrage universel et mes adversaires ont rendu hommage à ma loyauté politique. On a parlé de loyauté. Il n'y a pas eu d'engagement pris dans la troisième circonscription de Bordeaux, il n'y a pas d'adversaires contre la République (Si ! si !) nous aurions été les premiers à dire, s'il y avait eu un ennemi de nos institutions : ne votez pas pour lui !

Nous avons engagé nos amis à voter même pour ceux qui n'étaient pas les nôtres. *(Bruit.)*

M. Lagasse. — Citoyens, mon ami Berteaux a prononcé mon nom tout à l'heure. Ce n'est pas pour cela que je monte à cette tribune, s'il s'agissait d'un intérêt personnel, particulier, je serais resté à ma place, mais on vient de soulever, sous forme d'incident sur la vérification des pouvoirs, tout un côté du voile qui masque encore les élections législatives d'hier dans la région du Sud-Ouest. Oui, il est vrai, que certains journaux appuyaient ainsi des hommes qui se réclamaient du parti conservateur et que notamment dans une circonscription où j'avais l'honneur de porter le drapeau que vous portez tous, on a adressé à la veille du scrutin une lettre au parti conservateur et le journal *la Petite Gironde*, soulevait une violente polémique contre Jourde et moi, car dans son article, Camille Pelletan faisait allusion non seulement à la situation un peu particulière de Jourde à Bordeaux, mais encore à la mienne, car je luttais seul, alors, à la tête du parti républicain contre la coalition formidable de tous les conservateurs et les opportunistes. Eh bien ! citoyens, l'administration d'un côté, les fonctionnaires d'un autre, et certaines personnalités que je ne veux pas jeter dans ce débat républicain, luttaient contre celui qui pendant quatre ans aux côtés de Jourde, de Camille Pelletan, de Berteaux, de tous ceux que le suffrage universel nous a rendus et c'était le journal *la Petite Gironde* qui publiait des articles généreux en faveur de l'adhésion au bloc des radicaux et radicaux-socialistes quant il s'agissait de lutter contre les nationalistes et les conservateurs, c'était ce même journal qui n'hésitait pas à attaquer Jourde à Bordeaux! Non, la *Petite Gironde* n'hésitait pas, alors que la veille du scrutin et pendant les trois semaines que dura la lutte électorale, celui qu'elle soutint au second tour déclarait que s'il avait une voix de moins que mon concurrent républicain, il se retirerait. Il a eu 1.100 voix de moins et la *Petite Gironde* l'a soutenu encore au second tour. Je tenais à apporter ici la protestation la plus énergique contre les procédés de la *Petite Gironde*. D'ailleurs, demain, quand je viendrai parler des fonctionnaires vous verrez qu'il sortira de cette enceinte une protestation assez violente, assez énergique pour faire comprendre aux ministres compétents qu'il y a des magistrats, des fonctionnaires, qui ne sont pas républicains. *(Très bien!)*

Mais je suis trop respectueux de votre méthode de travail pour prendre la parole sur une question qui n'est pas encore en discussion. J'ai seulement voulu dénoncer la cynique et l'équivoque attitude d'un journal. Je l'ai fait. Je terminerai en disant! comme je l'ai toujours dit: Vive la République, mais la République des républicains! (*Applaudissements.*)

M. Dauzon. — Je suis président du Conseil général du département où s'est présenté le précédent orateur et je viens appuyer ce qu'a dit le citoyen Lagasse. On parlait tout à l'heure de loyauté à Bordeaux! je vais vous dire comment nous l'avons entendue dans notre département. J'ai demandé à tous nos amis leurs suffrages pour le citoyen Lagasse; beaucoup n'ont pas fait leur devoir, mais nous, nous avons fait le nôtre. Je tenais à signaler que les déloyautés ont été grandes, qui sont, dans le Lot-et-Garonne et le Sud-Ouest, une véritable honte républicaine.

M. Dubief. — La discussion est close. Je mets aux voix les conclusions de la Commission.

Plusieurs voix : Votons d'abord sur la validation Giraud.

M. Bellanger. — La commission maintient ses conclusions.

M. Dubief. — Puisque vous le désirez, je mets d'abord aux voix l'admission du citoyen Giraud.

Le citoyen Giraud n'est pas admis. (*Applaudissements, cris de* Vive Jourde!)

M. Giraud quitte la salle en criant: Vive la République, quand même!

M. Molina. — Citoyens, ce matin, j'ai eu l'occasion d'assister à la réunion de la commission où a été discuté le mandat qui m'a été confié par l'Association des groupes républicains de Talence.

J'ai le droit et le devoir de venir maintenant m expliquer ici. Ce que nous avons fait tous, c'est une œuvre morale, saine. On ne sait pas assez ce qui se passe dans nos départements. Vous avez entendu ce matin soulever des querelles personnelles, vous ne pouvez pas, vous qui venez de tous les points de la France, savoir ce qui se passe chez nous, il faudra que vous le sachiez. Moi, j'aurai le courage de dénoncer le docteur Dupeu ; il était du pacte de Bordeaux. *(Plusieurs voix : C'est vrai ! Bruit.)* On m'a accusé ce matin à la Commission d'être antisémite... Eh ! citoyens, comment le serais-je, puisque (bien qu'ayant abandonné les pratiques de ma religion), je suis juif. *(Explosion de rires.)* J'ai été victime des attaques d'un comité présidé par le citoyen Dupeu. *(Cris : A bas les jésuites. Bruit.)* Nous avons donné des réunions contradictoires, nous allions dans les milieux populaires y porter la parole du progrès et pour cela nous nous inspirions de nos chefs. Jamais, depuis que j'ai eu l'honneur de faire partie de l'assemblée du Congrès de 1901 je n'ai marché sans demander l'avis du comité exécutif de la rue Tiquetonne, et le citoyen Bonnet peut en justifier. J'ai été un des premiers à répandre à profusion dans les communes la brochure du congrès de 1901. Qu'en est-il résulté, citoyens ? c'est que le comité de Talence a voté une adresse de félicitations à M. Combes, et j'espère qu'aux élections municipales prochaines nous nous débarrasserons de cette bande de factieux qui s'est introduite dans notre département et que nous avons commencé à chasser. *(Applaudissements. Bruit.)*

M. Dupeu monte à la tribune. — *(On crie :* La clôture ! *Le citoyen Dupeu s'oppose à la clôture.)*

M. Dubief. — Le citoyen Dupeu demande la parole contre la clôture, gardez une attitude digne. Il y a eu une attaque contre le citoyen Dupeu ; il demande la parole et je la lui donne pour un instant.

M. Dupeu. — Je veux, citoyens, que vous connaissiez la vérité... *(Bruit. Cris :* Assez ! la cause est entendue ! la clôture !) On a parlé du pacte de Bordeaux, cette question a été traitée l'année dernière par le congrès. La commission, après avoir entendu toutes les explications de toutes les personnes qui ont été appelées à en donner, a soumis ses conclusions au Congrès, qui a chassé de l'enceinte les radicaux qui avaient trahi. On a reconnu que j'avais tenu la ligne droite, la ligne républicaine et c'est ainsi que l'on m'a félicité. *(Voix :* C'est la vérité.) Aujourd'hui on vous parle de l'attitude que l'on a tenue dans la commune de Talence, il est bon que vous sachiez ce qu'est cette prétendue association républicaine de Talence. (*Bruit. Cris :* Assez, assez, la clôture !)

M. Dubief. — Je mets aux voix la clôture de la dicussion. Adopté.

Je mets aux voix l'admission du citoyen Molina. *Une voix :* -L'avis de la commission ?)

M. Dubief. — La commission a constesté les pouvoirs.

Le citoyen Molina est admis. (*Applaudissements, Bruit. Plusieurs voix :* Mais il y a contradiction avec le vote précédent. Il faut alors rappeler le citoyen Giraud !)

M. Charles Bos. — Je viens faire appel à la justice du Congrès. Il y a deux cas absolument analogues en présence de deux solutions absolument contraires ; il me paraît que le Congrès doit unifier sa jurisprudence dans ces deux cas ; je demande donc que le Congrès revienne sur la question de l'admission du citoyen Giraud. (*Très bien !*) et je demande que le Congrès l'admette comme on vient de le faire pour le citoyen Molina. (*Aux voix !*)

M. Dubief. — Je ne veux pas me retrancher derrière un vain formalisme ; nous ne sommes pas ici une assemblée parlementaire absolument soucieuse de certaines formes. Ce que je tiens à interpréter ce sont les sentiments mêmes de l'assemblée et si il y a quelque incorrection à remettre aux voix la décision qui vient, il y a quelques minutes d'être prise par l'assemblée, elle-même, cependant je veux demander à l'assemblée de m'y autoriser auparavant. Je ne me considère pas le droit en ce moment-ci, à moi tout seul, si vous ne m'en estimez pas la volonté, de déclarer qu'il y a eu erreur tout à l'heure et que la décision prise contre le citoyen Giraud doive être rapportée

Je vous ai dit il y a un instant que les deux cas étaient identiques, vous avez statué sur eux de deux façons différentes; c'est à vous de dire si la décision qui a été prise doit être rapportée. (*Applaudissements.*)

Le citoyen Giraud est admis.

Je me conforme scrupuleusement à votre décision et je proclame l'admission du citoyen Giraud. (*Applaudissements.*)

Le citoyen Giraud reprend sa place et s'écrie : « Merci, citoyens ! Vive la République ! » (*Applaudissements.*)

M. Dubief. — Nous allons délibérer sur le cas du citoyen Treille. Ce délégué a été invalidé par la commission.

M. Bellanger. — Citoyens, le sénateur Treille, de Constantine, est antisémite; il n'a jamais été républicain radical. Les citoyens dont les noms sont au rapport ont apporté leurs témoignages. Nous avons pris des renseignements auprès des collègues du citoyen Treille ; ils concordent avec les renseignements apportés par les délégués de Constantine ; par conséquent la commission, à l'unanimité, a décidé l'exclusion du citoyen Treille. (*On passe au vote.*)

M. Dubief. — Le citoyen Treille n'est pas admis.

M. Dubief. — Citoyens, maintenant que l'assemblée est constituée, je vais donner la parole aux différents rapporteurs des commissions qui ont travaillé ce matin. Le rapport de notre collègue Klotz est prêt et, si vous le voulez bien, je vais lui donner la parole sur la question du scrutin de liste.

Klotz. — Citoyens, au congrès de l'année dernière, à Paris, sur l'initiative d'un comité de Pau, le congrès émit un vœu en faveur du rétablissement du scrutin de liste. J'avais l'honneur d'être le rapporteur de ce vœu et, pour me conformer à cette décision, j'ai pris l'initiative, dès la rentrée de la Chambre, du dépôt d'un projet de loi portant rétablissement du scrutin de liste. Cette proposition était, je le reconnais, tardive, car elle s'est présentée devant la commission du suffrage universel au mois de novembre de l'année dernière. Toutefois, si la commission l'avait rapportée en temps utile, il eût été peut-être possible de substituer au scrutin d'arrondissement le scrutin de liste ; mais en réalité nous avons été arrêtés par l'opinion formelle de M. Waldeck-Rousseau.

M. Waldeck-Rousseau, tout en restant fidèle au principe du scrutin de liste, est venu nous dire qu'il considérait que les différents partis, et surtout le nôtre, ayant pris leurs formations de combat pour la lutte qui allait s'engager, il lui semblait imprudent et inopportun de remettre la question du scrutin de liste à l'ordre du jour des travaux parlementaires. Les élections qui ont eu lieu montrent que M. Waldeck-Rousseau avait complètement raison dans le double sens de son opinion.

En effet, nous avons eu au scrutin d'arrondissement un succès considérable, mais, en même temps, ces dernières élections ont fait apparaître au plus clair les vices profonds du scrutin d'arrondissement. Jamais on n'avait vu une campagne de corruption semblable. Jamais, dans de pareilles circonstances, le parti républicain n'avait eu à livrer une bataille aussi dangereuse. Et bien, il importe que, maintenant, nous arrivions à moraliser les élections. Le scrutin de liste est le scrutin moralisateur par excellence ; il est de tradition républicaine. C'est pourquoi j'ai l'honneur, citoyens, de vous demander d'émettre votre sentiment qui donnera aux auteurs de la prochaine proposition sur le scrutin de liste toute autorité vis-à-vis de la Chambre.

Mais une question se pose et que je signale à votre attention. C'est une singulière destinée que celle du scrutin de liste. Lorsque, au début d'une législature, on vient le demander au Parlement, on dit aux députés : « Mais non, vous ne pouvez pas voter le scrutin de liste, vous allez désavouer le scrutin qui vous a élu. » Lorsqu'on aborde la question à la fin d'une législature, on dit qu'il est trop tard.

Nous estimons qu'il importe que la proposition soit déposée dès le début de la législature pour que le pays sache, à la fin, si le mode actuel doit être maintenu ou remplacé. C'est pourquoi nous vous proposons d'inviter le Parlement à discuter le scrutin de liste avant le 1er janvier 1904 ; de cette façon-là on aura deux ans pour préparer la bataille et repousser une nouvelle fois l'assaut de nos adversaires.

Mais la discussion du scrutin de liste à elle seule n'est pas toute la question électorale ; le Parlement aura encore à examiner la question si importante de la liberté du vote et celle de la sincérité des opérations électorales. Nous vous proposons d'émettre un vœu en faveur du vote de ces dispositions, qui sont essentielles. On les a longuement débattues devant la Chambre sans aboutir, car nous avions contre nous tous les réactionnaires, tous ceux qui emploient la pression patronale, la pression cléricale et qui ont fait obstruction au Parlement et au Gouvernement. Mais, avec une majorité beaucoup plus forte, nous espérons bien faire aboutir ces lois sur la liberté et la sincérité du vote. (*Applaudissements.*)

La dernière législature, toutefois, avait, il est vrai, l'avant-veille de la séparation de la Chambre, voté une loi importante réprimant sévèrement la corruption électorale. Cette proposition est arrivée devant le Sénat qui n'a eu que vingt-quatre heures pour l'examiner — et nous ne pouvons pas lui faire critique de ne l'avoir pas votée dans ces conditions — mais il est de notre devoir de dire que nous estimons qu'il est essentiel, pour empêcher les abus que nous avons constatés aux dernières élections, que ce projet de loi, voté par la Chambre, soit rapporté et discuté par le Sénat.

C'est pourquoi, citoyens, j'ai l'honneur, au nom de l'unanimité de votre commission, de vous proposer le texte suivant :

Le Congrès du parti radical et radical-socialiste, réuni à Lyon le 10 octobre, affirmant la tradition républicaine, invite le Parlement à substituer, avant le 1er janvier 1904, le scrutin de liste au scrutin d'arrondissement et à voter toutes mesures destinées à assurer la liberté du vote et la sincérité des opérations électorales.

Il invite, en particulier, le Sénat à ratifier dans le plus bref délai la proposition de loi votée par la Chambre, en mars dernier, qui tend à réprimer sévèrement la corruption électorale. »

M. Armand CHARPENTIER. — Citoyens, j'ai le regret de vous dire que je ne puis pas m'associer d'une façon absolue et intégrale aux paroles, — que je reconnais néanmoins excellentes, — qui ont été prononcées par notre aimable collègue Klotz.

Je suis de son avis lorsqu'il s'agit de réprimer les fraudes électorales, mais il serait prématuré et dangereux de substituer immédiatement le scrutin de liste au scrutin d'arrondissement.

Si la Démocratie était éclairée comme elle devrait l'être, nous n'aurions pas à craindre ses égarements, ses erreurs involontaires et nous pourrions compter sur elle. Après avoir passé sous le Boulangisme, nous venons de passer sous le nationalisme; eh bien, je vous demande si avec le scrutin de liste nous n'aurions pas aujourd'hui une chambre nationaliste ? (*Non ! non !*). Vous avez peut-être raison pour certaines régions de la province, mais il y a Paris, il y a certaines grandes villes qui subissent les grands courants contre lesquels on ne peut pas lutter. Il y a mieux, citoyens, voulez-vous supposer, je vous prie, par la pensée, que les élections législatives fussent tombées par exemple en janvier 1898; quel était l'homme à ce moment le plus populaire en France? — et l'image que je vais prendre est volontairement outrée, je le sais, mais c'est pour vous faire comprendre ma pensée — c'est triste à dire, c'était le commandant Esthérazy. (*Bruit prolongé, rires approbatifs, exclamations. Cris :* Non ! non !)

Je me demande, tout en étant partisan de la proposition Klotz, au point de vue théorique, je me demande si la véritable solution pratique ne serait pas de préparer une période de transition ! Je voudrais que la Chambre, au lieu d'être renouvelée comme elle l'est actuellement d'une façon intégrale, fût renouvelée par tiers. (*Très bien.*) Il va sans dire qu'au point de vue théorique je suis partisan du scrutin de liste, mais je suis aussi d'avis de modifier le mode d'élection.

M. KLOTZ. — Nous avons assez de questions importantes à examiner pour ne pas éterniser ce débat ; mais je désire répondre à notre ami que la proposition que nous faisons relative au scrutin de liste n'est pas du tout exclusive du renouvellement partiel; la preuve, c'est que la proposition que j'ai déposée devant la Chambre avait pour titre : Proposition ayant pour objet le rétablissement du scrutin de liste et le renouvellement partiel de la Chambre. Mais j'ai cru, et la commission a été de cet avis, que nous n'avions pas à examiner ici toutes les modalités possibles du scrutin de liste, que nous n'avions pas à légiférer, mais à affirmer une tradition. C'est pourquoi j'ai l'honneur de maintenir les conclusions de la commission. (*Applaudissements.*)

Le citoyen Dantoine, de Givors, se déclare hostile au scrutin de liste.

M. Chauvin. — Il est certain que nous ne serions pas ici pour le demander, que nous ne l'aurions pas demandé au parlement, si nous n'avions la conviction, nous, qui avons l'honneur et la charge d'avoir été désignés déjà par le scrutin d'arrondissement, nous qui en connaissons les charges et les occupations écrasantes, qu'il ne faut pas que se continue plus longtemps cette confusion lamentable entre les représentants du peuple, qui devraient être les mandataires de tous et qui deviennent les commissionnaires de quelques-uns. (*Applaudissements.*)

Je dis, citoyens, que malgré toute notre bonne volonté, nos efforts de chaque jour, il nous est impossible de servir à la fois les intérêts généraux et les intérêts particuliers. Je dis aussi que pour que la représentation démocratique soit véritablement digne de ce nom, il faudrait que le suffrage universel fût non pas une représentation d'intérêts particuliers, mais un grand courant d'intérêt général qui, croyez-le bien, ne serait pas exposé à dévier vers la direction du nationalisme ou du césarisme. On a dit qu'il y a quelques années l'homme le plus populaire de France était le commandant Esthérazy. Je proteste, car je connais trop pour ma part les populations rurales de ce pays pour savoir qu'elles n'ont jamais vu dans cet homme et dans ce nom que la représentation d'un parti défunt, le césarisme, et le polichinelle du militarisme. (*Applaudissements.*)

On a parlé tout à l'heure de l'influence de l'argent dans les élections; il est incontestable qu'il est plus facile d'acheter un arrondissement qu'un département. Nous savons bien autour de nous comment l'argent se répartit par l'intermédiaire d'agents zélés et nous avons connu cette année des hommes dont la fortune était assez considérable, pour leur permettre d'acquérir relativement à bon marché, une réputation de générosité qu'ils n'auraient pas pu avoir dans le département tout entier.

Ce n'est point d'aujourd'hui seulement qu'elle est dans la démocratie cette idée, et il faut que je rappelle, en terminant, une chose que nous savons tous, c'est que Gambetta a été l'un de ceux qui ont signalé avec le plus d'énergie les dangers qu'il y avait à inoculer à la République la gangrène de l'argent. (*Applaudissements.*)

M. Lockroy. — Citoyens, en vérité, après les paroles si éloquentes et si convaincantes qu'ont fait entendre ici à tour de rôle nos amis Klotz et Chauvin, je n'aurai que quelques mots à ajouter et ces quelques mots le Congrès les permettra assurément à un vieux républicain, qui, sous l'Empire déjà, avait combattu le bon combat et qui a soutenu la méthode du scrutin de liste avec la plus grande énergie. Ah! citoyens, laissez-moi jeter un regard en arrière, vers cette époque où de la tribune allaient jusqu'au pays étonné la voix éloquente et fière de quelques hommes courageux aujourd'hui presque tous disparus. Laissez-moi vous rappeler quelle fut la première préoccupation du gouvernement impérial. Le premier souci du gouvernement qui voulait étouffer toute semence d'indépendance, de liberté, ça a été de supprimer le scrutin de liste et de lui substituer le scrutin d'arrondissement, et pourquoi? Parce que, entre les mains d'un gouvernement réactionnaire, le scrutin d'arrondissement est un instrument incomparable et que c'est avec cette arme terrible, qui agissait d'une façon si déplorable sur la démocratie, que le gouvernement impérial a pu tenir pendant si longtemps la France sous son joug.

Quand le gouvernement impérial a disparu dans la honte de Sedan, quel a donc été le premier souci du gouvernement de Bordeaux, du gouvernement républicain qui avait obtenu l'indépendance de la France et l'intégralité de notre territoire? Quel a donc été le premier souci de ce gouvernement, sinon de rétablir immédiatement le scrutin de 1848, le scrutin qui, autrefois, avait donné la victoire à la République, C'est qu'en effet le scrutin de liste est le scrutin qui appelle le peuple non pas à voter sur les individualités, sur les hommes, à voter, je dirais volontiers sur les intérêts, mais à voter sur les principes. (*Bravos.*) Voilà pourquoi le scrutin de liste doit être le scrutin de la démocratie et mon ami Chauvin a eu raison de vous faire connaître les dangers formidables que peut faire courir à la République et à la France elle-même le scrutin d'arrondissement, le danger des élections faites avec l'aide de l'argent, danger qui s'infiltre peu à peu dans les villes, dans les campagnes et qui amène quelquefois à la Chambre des députés que nous sommes obligés d'invalider et que, malheureusement nous n'invalidons pas toujours. (*Applaudissements.*)

Ah ! citoyens, qu'on ne vienne pas nous dire que depuis trente ans que nous sommes en République, le peuple n'a pas appris et n'a pas profité des leçons de l'expérience ! Vous ne ferez pas cette injure à la démocratie française de penser qu'un jour elle pourrait abandonner la République pour se mettre à la suite d'un dictateur, d'un César. Voilà pourquoi, citoyens, je vous demande de voter le scrutin de liste conformément aux conclusions de votre Commission. *(Applaudissements. Cris : La clôture !)*

M. Morlot. — Citoyens, Je vous demande de m'entendre. C'est peut-être la question la plus importante à traiter au Congrès ; sur les résultats de cette forme de scrutin, vous jouez le sort de la République. Ne connaissez-vous donc pas l'état d'esprit de la plupart des départements du Nord et de l'Est ? (*Plusieurs voix :* Et de l'Ouest.) Oubliez-vous que vous eussiez perdu peut-être cent sièges aux dernières élections, si vous aviez eu le scrutin de liste. (*Voix :* Non ! non ! c'est une erreur !) vous eussiez perdu tout le Nord et l'Est... (*Voix :* Et l'Ouest !) (*Protestations.*) C'est une question très importante. La première fois qu'on a appliqué le scrutin de liste, on a eu l'assemblée de 1871 ; vous savez ce qu'elle était. La seconde expérience nous a donné la Chambre de 1885 d'où est sorti le boulangisme. Voilà les résultats du scrutin de liste. On nous disait tout à l'heure que ce n'était pas le scrutin des riches ! Pourquoi ? Croyez-vous que les gens riches dépenseront moins d'argent qu'au scrutin d'arrondissement ? Ils dépenseront 100.000 francs et plus, s'il le faut, dans une circonscription départementale et quand nous aurons des élections partielles — nous en avons fait en 1885 — qu'arrivera-t-il ? Ce que nous avons déjà vu, des candidats républicains obligés de dépenser 80 à 100.000 fr. pour des frais d'affiches. C'est bien un scrutin de riches.

On a dit encore que c'était le scrutin des idées. Vous avez bien vu comment ce sont les idées qui l'emportent. En 1889, lorsque vous avez supprimé le scrutin de liste, pourquoi l'avez vous fait ? Précisément parce que vous avez eu peur qu'on vote pour une idée représentée par une tête de liste. C'est un scrutin dans lequel on vote autant pour des hommes qu'avec le scrutin d'arrondissement et quand il y a un homme connu en tête, l'on entraîne toute la liste, comme cela s'est vu dans le Pas-de-Calais ou dans le Nord. Vous avez, grâce à ce scrutin, perdu des départements entiers. Ne recommencez pas et gardez le scrutin d'arrondissement qui a fait ses preuves et qui a fortifié la République.

M. Réveillaud. — Citoyens, la discussion qui vient d'avoir lieu et les applaudissements qui ont été donnés tour à tour aux orateurs qui ont soutenu ici deux thèses différentes suffisent pour montrer que, sur cette question, l'assemblée est divisée. — Je ne sais pas dans quelles proportions — mais il est une chose certaine c'est que sur ce point nous avons, les uns et les autres, des avis différents et la proposition que j'apporte à l'assemblée est celle-ci : Etant donné ce fait que sur cette question de mode du scrutin nous sommes divisés, je demande que la motion qui sortira tout à l'heure de nos résolutions ne soit pas une motion qu'on impose au Parlement, qui l'invite à se prononcer..... (Si ! si !) mais que ce soit une motion l'invitant à mettre la question sur le chantier pour pouvoir discuter l'année prochaine la question de la réforme électorale. (*Voix :* Et la question de la représentation proportionnelle?) Il est certain que le mode de représentation du scrutin d'arrondissement à quelque chose qui se rapproche de la représentation proportionnelle. Si on admet le scrutin de liste ce sera la première fois depuis que je suis entré dans la vie publique que j'aurai vu changer le mode de scrutin. La France, il ne faut pas l'oublier, ressemble un peu à un homme malade qui tantôt se couche du côté droit, tantôt du côté gauche. On nous a démontré les inconvénients des deux sortes de scrutin et nous avons vu dans certaines élections des départements entiers échapper à la République et où la République a failli sombrer..... (*Cris :* La clôture ! aux voix?)

M. Debierre. — Citoyens, je viens à cette tribune soutenir le scrutin de liste, mais j'y viens surtout pour rectifier les erreurs qui ont été commises ici. On a parlé du Nord, du Pas-de-Calais, de la Seine, on vous a fait voir les dangers qu'il y aurait à rétablir le scrutin de liste, sous le prétexte que dans le Nord, le Pas-de-Calais, la Seine et d'autres départements, un certain nombre de députés nationalistes et conservateurs ont été élus. On vous a dit : Si vous rétablissez le scrutin de liste, vous allez perdre peut-être cent députés républicains. Et bien, additionnez, je vous prie, avec moi, les voix républicaines, radicales et socialistes, pour les départements déjà cités et par le résultat des dernières élections, vous aurez la certitude qu'à Paris, avec le scrutin de liste, il n'y aurait pas eu un seul député nationaliste élu ; (*C'est exact !*) que dans le Nord, il y aurait 23 députés républicains au lieu de 14 réactionnaires et cléricaux, (*Applaudissements !*) et que, dans le Pas-de-Calais, ce serait la même chose.

M. Lagasse. — Il est bon que l'assemblée sache bien qui tient ce langage, dites qui vous êtes.

M. Debierre. — On me demande qui je suis ! Je suis le citoyen Debierre, premier adjoint au maire de Lille, délégué par le Nord au Comité exécutif.

Non, citoyens, non, vous n'avez rien à craindre pour la République, ni pour la démocratie, du rétablissement du scrutin de liste, au contraire. Je considère, pour mon compte, que la stagnation du gouvernement de la Répubique depuis 20 ans, que l'état misérable dans lequel il se maintient, que s'il n'a fait, tant au point de vue politique qu'au point de vue économique et social, que des réformes absolument insuffisantes, sinon décourageantes, je le déclare et je le proclame, vous le devez au scrutin d'arrondissement. (*Très bien !*) Je dis, citoyens, que si à l'heure actuelle dans nos départements — et si je voulais mettre des noms, vous ne doutez pas que j'en mettrai facilement — je pourrai prendre la Somme, le Pas-de-Calais, le Nord, et je vous montrerais que dans nos départements, ce qui a perdu, précisément au point de vue républicain, nos préfectures, nos grandes administrations publiques, c'est le scrutin d'arrondissement. (*Applaudissements.*)

Nous voyons à l'heure actuelle ce spectacle lamentable, dans nombre de départements, un préfet accorder à un député radical dans sa circonscription, tout ce qu'il demande, c'est vrai, mais à côté, accorder aussi à un nationaliste tout ce qu'il réclame. (*Très bien ! C'est absolument vrai !*) Oui, accorder à Messieurs Cochin, à l'abbé Lemire, Dansette, Plichon, etc.... tout ce qu'ils désirent....

Un pareil régime est condamné, c'est un régime de démoralisation pour les électeurs, pour la République et la démocratie. C'est pourquoi j'insiste en disant qu'il n'y a aucun danger à rétablir le scrutin de liste, à inviter le parlement à balayer d'une façon définitive le scrutin d'argent, le scrutin des personnalités anonymes souvent, car elles se cachent derrière les véritables candidats ; elles se cachent dans la coulisse, avec le dogme d'un côté et l'argent de l'autre, pour faire triompher les réactionnaires et les cléricaux. (*Acclamations !*)

Le Président. — Comme on réclame la clôture, en même temps que le citoyen Vazeille insiste pour avoir la parole, vous ne voudrez pas, citoyens, clore immédiatement ce débat si intéressant, et, si vous le permettez, je donnerai la parole à votre collègue qui la demande. (*Oui ! Oui !*)

M. Vazeille — Citoyens, il est d'autant plus nécessaire que ce débat ne soit pas clos que j'ai l'honneur de déposer une motion préjudicielle. Il y a parmi nous, dans le parti radical et radical-socialiste deux courants, l'un en faveur du scrutin de liste, l'autre en faveur du scrutin d'arrondissement. Je suis moi-même partisan de la réforme électorale que nos voisins les Belges ont réalisée, mais je ne veux pas retenir l'attention de l'Assemblée sur ce point. Cependant, je retiens ce que vient de dire l'orateur précédent que, dans certains départements, par le fait de nos institutions électorales actuelles, beaucoup de sièges ont été enlevés à des républicains, tandis que, si on fait le total des électeurs républicains d'une part, et le total des électeurs réactionnaires de l'autre, il se trouve que les républicains sont en majorité, et cependant la représentation de ces départements est en majorité conservatrice. (*Non! non !*) Comment non! A l'heure actuelle Paris a plus de représentants nationalistes que républicains... (Non! non ! il y a égalité!) Il n'y a pas égalité au point de vue municipal!

Il est bien démontré, et je ne viens pas contester la nécessité d'une réforme électorale, nous sommes tous d'accord à ce sujet, que le scrutin d'arrondissement a de graves inconvénients, que le scrutin de liste en a aussi. Le principal est de faire dépendre, dans un département, d'une voix, le sort du parti républicain. Oui, citoyens, nous pourrions voir dans un département qui compte 100.000 électeurs, une représentation entière passer à la réaction par le fait d'une seule voix. Ce n'est pas possible que cela soit. Ce n'est pas possible que nous jouions le sort de la République sur une voix. Aussi, j'ai l'honneur de vous proposer ceci : c'est de laisser la question à l'étude pendant une année encore pour être tranchée dans un autre congrès. (Non ! non ! Aux voix !) C'est une habitude des congrès lorsqu'une question est vivement discutée..., et vous ne pourrez pas imposer à la conscience de vos représentants qui jugent le scrutin de liste dangereux, le changement du mode de scrutin actuel. Je défie le Congrès d'imposer aux représentants radicaux et radicaux-socialistes les décisions qui n'auraient pas rencontré la presque unanimité et qui seraient contraires à leur conscience. (*Bruit. On crie :* Alors qu'est-ce que nous faisons ici?) Je vous propose sur ce fait que nous sommes divisés et que dans ces conditions il n'y a pas une majorité suffisamment nette, considérable... (Nous allons le voir! votons d'abord !)

Voici ma proposition :

« *Le Congrès radical et radical-socialiste, considérant la divergence de vues qui se présente dans le sein du Congrès, décide de mettre la question à l'étude pour être tranchée au prochain congrès.* »

(*Bruit.* — *Cris :* Au voix !).

M. Klotz. — Citoyens, nous sommes ici pour prendre nos responsabilités. (*Bravos*). Au nom de la très grande majorité de la Commission, nous croyons devoir prendre cette responsabilité de proposer la substitution du scrutin de liste au scrutin d'arrondissement. Le Congrès est éclairé, il a toutes qualités pour se prononcer. Si la proposition Vazeille était adoptée, ce serait l'abandon du scrutin de liste ; car nous ne pourrions pas, à la Chambre, jusqu'à la fin de la législature, faire mettre cette proposition aux voix. Nous avons à dire ce que nous pensons. Le Congrès qui se composé des délégués du pays a à dire son sentiment et il n'y a pas à ajourner à un an une question sur laquelle le parti républicain a une opinion invariable depuis plus de vingt ans. Je vous engage à repousser la proposition Vazeille, et tout à l'heure nous verrons s'il n'y a pas une majorité pour le scrutin de liste ; mais c'est une question devant laquelle on ne peut se dérober. Il faut répondre par un oui ou par un non. (*Applaudissements. Bruit prolongé. Cris :* la clôture !).

M. Dubief. — J'entends demander la clôture de la discussion...

Un Congressiste. — Je demande au président de mettre aux voix la proposition Vazeille.

M. Dubief. — Je mets d'abord aux voix la clôture de la discussion.

La clôture de la discussion est adoptée.

M. Dubief. — Je mets aux voix la motion préjudicielle présentée par le citoyen Vazeille.

La motion Vazeille est repoussée. (*Cris :* Vive la République).

Je mets maintenant aux voix, comme il est d'usage, les conclusions de la commission tendant au rétablissement du scrutin de liste.

Les conclusions de la commission sont adoptées. (*Applaudissements.*)

M. Dubief. — Citoyens, voici un vœu proposé par les citoyens Bourrat et Masson, et adopté par votre sous-commission des chemins de fer :

La commission des chemins de fer et des mines a l'honneur de soumettre au Congrès le vœu ci-dessus qu'elle a accepté elle-même à l'unanimité.

Le Congrès radical et radical-socialiste envoie l'assurance de sa sympathie aux ouvriers mineurs qui luttent par la grève pour la défense de leurs intérêts et invite le ministère à user de toute son influence auprès du Parlement pour obtenir le plus vite possible la discussion et le vote des lois destinées à leur donner satisfaction.

Le Congrès invite les ouvriers à poursuivre leurs revendications avec calme et modération, afin de ne pas créer des incidents dont profiterait la réaction.

Le vœu est adopté et l'adresse sera envoyée aux ouvriers mineurs.

M. Dubief. — La parole est au citoyen Chauvin pour présenter son rapport sur la réforme de la magistrature.

M. Chauvin. — Messieurs, votre commission vous propose le vœu suivant : « Le Congrès émet le vœu que le principe de l'inamovibilité de la magistrature et le mode de recrutement des magistrats, tels qu'ils existent dans la législature actuelle, soient supprimés, et soient remplacés par un système d'élection qui donne à la nation les garanties de capacité de civisme et d'indépendance qu'elle est en droit d'attendre de ses magistrats ».

Je vous demande de vouloir bien prêter un instant de votre attention à l'examen de cette question.

Le rapporteur de la Commission sait combien cette question est grave, combien elle soulève de difficultés. Il considère qu'il est de son devoir d'être aussi bref que possible, de manière à laisser tout le champ libre aux explications de ceux qui voudront apporter ici des observations, des modifications au texte.

La question qui vous est soumise vient devant vous après avoir reçu une solution très nette, il y a quelques semaines, dans une autre assemblée non moins républicaine, non moins avancée que celle devant laquelle j'ai l'honneur de parler ici : l'Assemblée générale de la Maçonnerie française. Le Convent, vient, il y a quelques semaines, d'adopter à l'unanimité le texte même du vœu qui vous est présenté.

Les arguments qui ont fait triompher la proposition que je soutiens ici au nom de la commission sont extrêmement simples.

Nous savons tous ici que la magistrature de ce pays ne paraît pas répondre en ce moment d'une façon complète aux aspirations de la République. (*Voix :* Au contraire!) Il est tout à fait certain que, lorsqu'on voit par exemple ce délit de bris de scellés, qui était autrefois considéré comme un fait excessivement grave et qui amenait devant la police correctionnelle les pauvres diables chassés de leur demeure pour n'avoir pu payer l'amende d'un léger délit, ou encore le loyer du champ dont l'orage avait anéanti la récolte, qui éprouvaient le besoin, poussés par les nécessités impérieuses de l'existence, de pénétrer quand même dans leur maison, ce crime-là, citoyens, pour lequel la justice est si implacable quand il s'agit d'un malheureux, devient, quand il est accompli par des hobereaux, par des duchesses, un délit excusable. (*Sensation. Longs applaudissements.*) Et les magistrats qui prononçaient sous une forme dérisoire une condamnation infime contre ces hobereaux et ces duchesses, n'adressaient-ils pas, par le fait, une flétrissure, un châtiment, au gouvernement de la République ? (Si ! si ! *Applaudissements.*) Or, ces magistrats sont peut-être légion et il faut savoir quels sont les procédés que l'on peut employer pour que le peuple puisse enfin voir respecter et appliquer ses décisions.

Vous savez, citoyens, qu'incontestablement il y a dans ce pays, au moins en droit, trois pouvoirs indépendants : le pouvoir législatif, le pouvoir exécutif et le pouvoir judiciaire. Or, que se passe-t-il aujourd'hui ? il se produit ce phénomène bizarre que le pouvoir judiciaire est une des branches du pouvoir exécutif, que les magistrats sont nommés par le pouvoir exécutif, et que le peuple, en qui réside toute souveraineté, se trouve ainsi dépouillé d'une parcelle de son droit sans l'avoir voulu.

Lorsqu'en 1883, après l'exécution des décrets, dans un premier soubresaut, la République a essayé de se débarrasser de l'empreinte cléricale qui était sur elle, il s'est trouvé qu'à ce moment on a essayé de faire, dans la magistrature, des coupes sombres, on a essayé de remplacer 600 réactionnaires par 600 républicains. Mais la mesure n'était que provisoire; trois mois après, l'inamovibilité était rétablie, et alors que s'est-il passé ? Nous avons vu l'éternel ennemi de la République, celui qui, avec sa subtilité, son talent d'éducateur, sa persuasion quotidienne, son art de se servir de la vanité bourgeoise, pour en faire l'instrument de ses desseins, nous avons vu le parti clérical continuer dans ses grandes écoles, dans ses universités catholiques, dans des chaires entretenues par lui, son œuvre de préparation d'une magistrature antirépublicaine et de la même façon il a opéré pour les hauts grades de l'armée, de la marine et dans le barreau, car parmi les officiers ministériels nous avons des hommes sortis des jésuitières. Je citerai également l'absence de traitements des juges suppléants, qui ne permet l'accès à cette fonction qu'aux favorisés de la fortune.

C'est de cette façon qu'après 1883 nous avons assisté à une invasion nouvelle du parti clérical s'emparant du pouvoir judiciaire et après une épuration, qui n'a duré qu'un temps, comme par un canal souterrain et caché, nous les avons vus arriver jusqu'à ce pouvoir et le reprendre tout entier.

Je dis donc que la mesure transitoire, l'épuration provisoire, la suspension de l'inamovibilité est un remède que l'on a appliqué une première fois et qui a donné ses preuves d'insuffisance et qu'aujourd'hui, un autre s'impose. Cette mesure, citoyens, c'est celle qui était déjà mise en avant dans la discussion de la loi de 1883 et elle était présentée par celui qui, à ce moment là était le chef incontesté du parti radical, c'est le système logique qui consiste à restituer au peuple, à la souveraineté nationale elle-même, ce qui lui appartient, ce qui est son bien, son droit, sa propriété, celui qui consiste à dire : de même façon que les représentants du peuple sont élus par le peuple, les juges du peuple sont, eux aussi, élus par le peuple. *(Très bien! Mouvements divers.)*

J'entends bien, citoyens, quelles sont les objections et comme elles sont graves ; j'entends bien qu'on dira, comme on a dit déjà, que le magistrat qui n'est pas inamovible n'est pas indépendant, j'entends bien qu'on dira aussi : le suffrage populaire est sujet à des enthousiasmes et à des erreurs et ce n'est point à lui qu'il faut s'adresser quand on veut choisir, non seulement des représentants des idées politiques, mais aussi des représentants de cette tradition juridique qui a fait dans notre histoire tant de gloires et tant de talents.

A ces objections, je vous demande la permission de répondre par un mot très bref, parce que si nous ne les avions pas envisagées nous n'aurions pas le droit de vous dire qu'on doit passer par-dessus et accepter à nouveau le principe révolutionnaire.

Je dis que l'objection qui consiste à dire que l'inamovibilité est une condition indispensable de l'indépendance des magistrats est une objection de surface, une objection de paroles.

En effet, où est-elle donc l'indépendance des magistrats dont je parle, de ces hommes qui sont inamovibles par en bas mais non par en haut, qui désirent monter, monter encore et qui assiègent tous les jours, — je parle de quelques-uns d'entre eux, car je ne veux pas jeter contre toute la magistrature, qui compte des républicains, un outrage qu'elle ne mérite pas — les antichambres ministérielles et qui font plus et rendent plus de services pour avoir de l'avancement qu'ils n'en auraient rendus pour être nommés.

Oui, je dis que cette indépendance dont on se targue est une indépendance de surface et j'ajoute qu'à côté de ces magistrats il y en a quelques autres dans ce pays qui ne sont pas inamovibles et qui eux rendent une justice au-dessus de tous soupçon et aussi bonne que celle des tribunaux de Bretagne. (*Rires et bravos.*)

Je veux parler aussi de la juridiction administrative. Est-ce que par hasard les décisions du Conseil d'Etat nous sont plus suspectes que celles d'un juge qui veut se concilier les bonnes grâces du pouvoir ?

Nous n'avons pas le droit de jeter l'outrage sur les innombrables magistrats de carrière administrative, ni sur les juges de paix, qui donnent tous les jours des preuves d'indépendanee et d'un loyal caractère. *(Salve d'applaudissements.)*

Je crois donc que l'inamovibilité et l'indépendance ne sont pas inséparables et j'ai pour me couvrir en ce moment l'autorité de quelqu'un qui n'est pas suspect d'être un bouleverseur de sociétés : M. Waldeck-Rousseau ; le Waldeck-Rousseau de 1881 était un précurseur derrière lequel nous ne devons pas avoir d'hésitation à marcher. *(Rires.)*

Je vous demande de dire que vous ne voulez avoir que des magistrats indépendants mais, que l'indépendance des magistrats républicains qui ont constamment leur regard fixé sur l'idéal de justice, a autant de valeur que celle du magistrat qui désire avancer et qui, pour cela, ne craint pas de reculer. *(Applaudissements.)*

J'aborde, citoyens, la seconde question. On a dit : mais les capacités manqueront, le suffrage universel est aveugle, incertain, il va investir de sa confiance des hommes qui l'auront flatté mais qui seront incapables de résoudre les hauts problèmes juridiques. Eh bien, citoyens, les garanties que nous avons à l'heure actuelle, lorsque le garde des sceaux nomme un juge suppléant, sont simples et bien connues : il suffit que ce magistrat ait conquis le diplôme de licencié en droit.

Vous me permettrez de vous dire avec quelque connaissance de cause que j'ai eu l'occasion de faire passer fréquemment l'examen qui investissait ces jeunes gens de ce titre et je vous avoue que je n'y ai pas trouvé la marque, l'indice d'une capacité hors de pair. Je crois que si ce titre est une garantie pour nos futurs magistrats et s'il est suffisant pour qu'ils soient nommés par le garde des sceaux, il sera encore plus suffisant s'il sont nommés par le suffrage universel avec d'autres garanties d'exercice, de pratique, que nous saurions exiger le moment venu. J'ajoute encore qu'il suffit de feuilleter l'histoire de ce pays et de rechercher ce qui s'est passé en 1791, lorsque la Révolution avait posé le principe de l'élection des juges! Il faut nous rappeler que pendant dix années ce principe a été appliqué et que ce n'est que lorsque les idées de liberté ont commencé à s'éteindre que le Premier Empire l'a supprimé; ce n'est qu'à ce moment-là que la nomination des juges par le peuple a été abandonnée et qu'on est revenu à cette conception des deux pouvoirs qui fait du pouvoir judiciaire une branche de l'exécutif.

Or, pendant ce temps-là, quelle avait été la magistrature?

Elle avait été telle que nous pouvons encore, avec fierté, relire les listes de ces magistrats, car c'est sur elles que nous trouvons les noms de ceux qui ont illustré notre doctrine, qui sont nos auteurs et qui ont fondé notre jurisprudence. Les magistrats élus par le peuple et dont on se défie, ils s'appelaient Merlin, Tronchet, Martin, Dupont ; tous ceux dont nous invoquons la doctrine devant les magistrats et les tribunaux nommés par le pouvoir exécutif. (*Applaudissements.*)

Je crois donc qu'ici encore, l'objection doit être levée et que nous ne devons pas nous y arrêter.

J'entends bien que des difficultés d'application existent, j'entends bien que, si nous acceptons le principe de l'élection, nous serons obligés de sacrifier à des magistrats réactionnaires quelques fractions de ce pays; mais il faut voir ce que vaut l'objection qui consiste à dire que si, dans les fractions du pays dont on veut parler, on nomme déjà des députés réactionnaires, on nommera aussi des magistrats réactionnaires et il faut chercher s'il n'y aurait pas des voies et moyens nous permettant de faire de la magistrature une émanation plus générale de la volonté républicaine. Il faut rechercher, et ceci est l'objet d'un projet extrêmement étudié que le citoyen Morlot, député de l'Aisne, se propose de déposer sur le bureau de la Chambre, si l'on ne peut essayer de créer au-dessus de la magistrature du premier degré une autre magistrature issue du suffrage au deuxième degré, qui serait une juridiction d'appel, qui viendrait corriger les fautes d'origine que l'on pourrait trouver dans la première.

Il faut encore se dire ceci : Admettons l'objection tout entière, disons qu'avec élection il y aura dans certains départements des magistrats non républicains, je le veux bien, j'admets que ce soit vrai. Eh bien, je dis que ce serait encore mieux que ce qui existe à l'heure actuelle, puisqu'en ce moment il y a des magistrats qui ne sont pas républicains non seulement dans quelques circonscriptions, mais dans presque toutes les circonscriptions. (*Applaudissements.*)

Je n'ai pas la prétention d'épuiser ce débat, je veux seulement accomplir ma mission en rappelant simplement, en des termes précis, quels sont les points qui ont appelé l'attention de votre commission.

Ce que nous vous demandons, c'est d'émettre simplement un vote de principe, non pas d'élaborer un projet de loi avec un dispositif disant dans quels termes sera élaborée la nouvelle loi sur la magistrature. Nous demandons au parti radical si, conformément aux paroles prononcées en 1881 devant la Chambre, il est encore d'avis de suivre la tradition révolutionnaire. Nous vous demandons d'émettre un double principe, nous vous demandons d'une part de dire que la réforme de la magistrature, telle qu'elle existe actuellement, s'impose ; en second lieu, de dire que nous aurons à remplacer ce que vous allez démolir en nous orientant dans le sens de l'élection des juges, en nous engageant dans la voie des véritables traditions de la souveraineté populaire, de ce qui est son bien, sa propriété, sa chose. (*Applaudissements.*)

M. Lauraine. — Citoyens, je vais faire de courtes réserves à l'exposé de notre collègue Chauvin. Mon but n'est pas de méconnaître qu'il y a beaucoup à faire dans l'ordre de discussion qui s'agite devant vous. Il est bien certain que tant au point de vue républicain qu'au point de vue professionnel, il y a une réforme profonde à apporter dans la magistrature actuelle ; cependant je veux vous dire un mot sur les remèdes qu'on vous apporte d'une façon un peu confuse. On vous demande d'apporter un double remède au mal qu'on vous a signalé, un remède politique et un remède professionnel.

Croyez-vous, au point de vue du remède politique, que l'élection des juges soit véritablement un remède ? Pour ma part je ne le crois pas. Vous rappelez comme exemple que dans la Bretagne, les juges ont donné un exemple révoltant d'opposition à la loi, en accordant l'amnistie à des faits qui devaient être condamnés. Pensez-vous que les juges, lorsqu'ils auront été nommés par les chouans antirépublicains, respecteront davantage les lois de la République ? Ils auront un devoir à remplir, ce sera peut-être désagréable, envers ceux qui les auront élus et, avec la majorité dont ils auront recueilli les suffrages, ils auront, en quelque sorte, pris l'engagement de condamner ceux qui sont hostiles. (*Voix :* Et les tribunaux de commerce ?) J'entends dire : et les tribunaux de commerce ? Je ne veux pas en faire ici ni l'apologie, ni la critique : ils ne jugent que des faits commerciaux, tandis que les autres jugent sur la liberté des citoyens. *(Applaudissements.)* Je ne veux pas m'étendre sur tout ce qu'on pourrait dire sur la question ; il y aurait beaucoup de points de vue à envisager car, si le suffrage universel reconnaît son mandataire d'après ses déclarations, est-ce qu'il pourra reconnaître son magistrat sur le vu d'une profession de foi ? Est-ce que les électeurs pourront l'apprécier et connaître ses qualités au point de vue professionnel ? Je vous laisse les soins de trancher cette question. Mais, est-ce que dans cet ordre d'idées nous n'avons pas d'autre projet qui pourrait être substitué à celui qu'on vous présente ? Il y a la théorie du jury correctionnel et civil qui semble répondre à nos désirs.

Je considère qu'en voulant présenter ici et sur cette matière très délicate, une formule trop précise, on risque de s'égarer. Nous sommes tous d'accord sur un point : c'est qu'il faut faire quelque chose ; que le choix des magistrats soit fait dans un sens républicain, qu'une espèce de priorité ne soit pas donnée à ceux qui sont imbus des idées puisées dans les établissements comme celui de la rue des Postes. Il faut qu'ils soient républicains, il faut que le gouvernement sache se garder lui-même, il faut le mettre en garde contre les choix hâtifs, contre les choix auxquels notre collègue Lagasse a fait allusion. Il faut que ce ne soit pas la majorité des fruits secs des écoles de droit qui peuple nos tribunaux, il faut que la magistrature soit appelée à faire œuvre républicaine dans sa fonction même et il ne faut pas qu'on, par une espèce de snobisme, on soit réactionnaire par le fait seul qu'on est magistrat. *(Applaudissements.)*

Il me semble, citoyens, que nous devrions rédiger une formule, dans un sens général, qui traduirait l'idée qu'a le Congrès d'étudier ces différents remèdes, mais quant à s'enfermer dans des formules étroites, je vous demande de repousser cette idée.

J'ai eu l'honneur d'être le rapporteur d'un projet, je sais par expérience, hélas ! toute la peine qu'on a à mettre un texte debout, et comment on échoue piteusement dès qu'on veut aborder une réforme, non pas si vaste que celle que vous abordez.

Ne demandons pas trop, mais tâchons d'obtenir quelque chose, tâchons d'arriver au résultat qui est demandé par tous, d'avoir une magistrature honnête, compétente et aussi, par-dessus tout, devrais-je dire, une magistrature républicaine. *(Applaudissements.)*

En ce qui concerne l'inamovibilité, je ne veux pas discuter le principe. Evidemment, je me joins au citoyen Chauvin pour faire la critique du principe de l'inamovibilité, mais rappelez-vous qu'elle a été notre sauvegarde dans des moments critiques, nommez des juges républicains, ils resteront républicains.... (*Bruit. Mouvements divers.* — On n'entend plus l'orateur qui continue de parler au milieu du bruit. Enfin le calme se rétablit et il dit :)

On vous demande de confirmer le principe levant l'inamovibilité, j'y suis disposé et je crois que c'est nécessaire, mais dans la mesure seulement où cela est indispensable et, alors, donner au recrutement de la magistrature les garanties de savoir et exiger des juges qu'ils soient républicains. Je propose donc une formule qui est ainsi libellée :

Le Congrès, convaincu de la nécessité de modifier le mode de recrutement de la magistrature dans le but d'obtenir des magistrats des garanties suprêmes de respect de la loi et de dévouement aux institutions républicaines, soutiendra toute proposition susceptible d'amener un résultat utile à la République et à la démocratie.

M. Lagasse. — Citoyens, deux mots seulement, et la question en discussion en vaut la peine.

Nous sommes tous d'accord ici et nous rendons hommage aux paroles à la fois précisés et colorées de notre ami Chauvin. Nous sommes tous d'accord également pour dire avec notre ami Lauraine qu'il y a trop peu de républicains dans la magistrature et nous saluons avec émotion les quelques magistrats qui, étant entrés républicains dans la magistrature, sont demeurés républicains. (*Très bien!*) Il y a, en effet, un esprit et un mauvais esprit dans la magistrature qui fait que les meilleurs se corrompent aussitôt qu'ils sont assis sur un siège de juge, n'importe où, que ce soit dans un tribunal de la Seine, que ce soit sur un siège de la Cour d'appel, que ce soit dans nos petites sous-préfectures et dans le plus modeste tribunal. Le magistrat républicain, qui a l'amour de la démocratie, est immédiatement signalé par les autres comme une brebis galeuse dans le troupeau. (*Applaudissements.*) Et vous avez compris et la France républicaine a compris depuis longtemps qu'il n'était plus possible, dans un pays de république, d'avoir des magistrats qui soient d'abord les ennemis de nos institutions et ensuite les adversaires du peuple, du vrai peuple. Comment faire cesser cet état de choses ?

Notre ami Chauvin propose l'élection des magistrats, et vous sentez tout de suite, à la manière même dont il présente l'objection, combien elle est considérable. Je dis en toute loyauté que le système de l'élection de la magistrature est encore si éloigné de nous comme réalisation, que nous n'aboutirons nullement, si nous nous en tenons à cette modification, à cette réforme, et cependant nous sommes tous d'accord, il faut faire quelque chose. Quoi ?

Eh ! citoyens, vous qui venez de tous les points de la France bien-aimée, qui avez assisté dans vos départements et vos circonscriptions respectifs aux scandales qui ont été racontés à cette tribune, vous vous rendez bien compte qu'il faut faire quelque chose. Et ce que nous ne pouvons pas dire aux sénateurs, aux députés qui sont ici, aux pouvoirs publics, au garde des sceaux lui-même, qui est des nôtres et qui est sorti de nos rangs, est-ce que nous ne pouvons pas dire : ne nommez que des républicains. (*Applaudissements.*) Ah ! je sais bien que le garde des sceaux, trop souvent..... (*Une voix :* Il faut en trouver encore des magistrats républicains.) Je réponds à celui de nos collègues qui m'interrompt : Il y a dans les instituts de droit, il y a dans le barreau de France des hommes de talent, des hommes dignes, dévoués à nos institutions, qui ne demandent qu'à trouver un poste dans la magistrature, mais à ceux-là elle est toujours fermée parce que, jusqu'à présent, on a toujours fermé la magistrature.

Pour arriver à être magistrat, pour arriver à gagner misérablement son existence sur un siège de juge, il faut commencer par passer 5, 6, 7, 10 années à servir gratuitement la justice. Ça n'est pas possible; le fils du peuple, celui qui est un fils de l'ouvrier, du petit fonctionnaire, du démocrate sans fortune, ne peut pas aspirer à être magistrat. (*Applaudissements.*) Il reste dans le rang, il se fait inscrire dans le barreau, il lutte par la parole et lorsque plus tard le succès répond à ses efforts, il ne peut plus être magistrat. Il faudrait, au contraire, aller chercher dans les écoles de droit, parmi les jeunes membres du barreau l'élément républicain, les candidats et les magistrats futurs, et pour cela il faudrait supprimer littéralement la suppléance gratuite. (*Applaudissements.*) Est-ce que par hasard nous voulons imposer au budget une charge nouvelle ? non ! Vous savez bien — et je parle en ce moment en parlementaire, — vous savez bien qu'il est possible de payer davantage les magistrats et de payer moins; il faut, pour arriver à ce résultat, supprimer une certaine catégorie de magistrats. (*Applaudissements.*)

Il faut, quand vous aurez le scrutin de liste, lorsque votre député se sera soustrait à l'influence locale de l'arrondissement, il faut qu'il ait le courage de dénoncer dans le tribunal qui est le sien le magistrat qui ne jugera pas bien ses affaires.

Il faut réaliser ces économies, et il faut ainsi permettre au garde des sceaux de choisir avec soin les candidats qu'on lui présentera. Je dis qu'on lui présentera, et je me tourne encore vers mes anciens collègues et je leur dis : N'êtes-vous pas responsables vous-mêmes de quelques nominations?... (*Très bien!*) Etes-vous bien sûrs des recommandations par lesquelles vous avez appuyé des candidatures? N'avez-vous pas vous-mêmes aidé volontairement, et quelquefois inconsciemment, un candidat qui n'a fait qu'un mauvais magistrat? (*Applaudissements.*) Et bien, citoyens, j'ai trouvé dans une circulaire de M. Combes, président du Conseil, au préfet de la Somme, l'indication de la réforme que l'on pourrait faire tout de suite. Désormais, parait-il, on ne prendra aucun fonctionnaire qui n'ait un passé vraiment et sérieusement républicain. (*Applaudissements.*) (*Une voix :* Oui! mais c'est aux préfets qu'on s'adresse pour les renseignements.)

Citoyens, je voulais justement en arriver à cette objection.

On demande des renseignements aux préfets. Quels sont donc les renseignements que fournissent les préfets? Nous touchons là à une des questions les plus délicates et des plus importantes qu'aura à solutionner ce Congrès et il faut vous rappeler peut-être les paroles prononcées il y a un an et qui ont soulevé des objections. A ce moment on vous disait qu'en réalité ce sont les fonctionnaires de l'ancienne administration dirigeante qui dominent encore dans le gouvernement de la République. Ce sont les mêmes comités, ce sont ces mêmes congrégations laïques qui absorbent les forces vives du pays et imposent leur domination. (*Très bien!*) Comment, à l'heure actuelle, se recrute encore le personnel? par les renseignements que donnent les préfets et les sous-préfets. Mais les préfets, les sous-préfets, pour la plupart, sont encore de l'idée ancienne. Les gouvernements qui ont traversé la France depuis quelques années n'ont pas pu encore vaincre cette résistance, la résistance du fonctionnarisme. (*Très bien!*) Et aujourd'hui que nous avons un garde des sceaux, un ministre de l'intérieur, des membres du cabinet qui sont avec nous, qui sont sortis de nous, qui ne sont rien sans nous, il faut leur imposer notre volonté, il faut qu'il n'y ait pas un seul homme qui soit nommé magistrat sans que tout d'abord il présente ses certificats de bon, d'excellent et impeccable républicain. En agissant ainsi et en attendant l'élection des juges, qui est encore très lointaine, vous pourrez commencer à avoir une satisfaction. J'ajoute qu'il faut supprimer l'inamovibilité de la magistrature, que l'on supprime à l'heure actuelle le droit des magistrats de dire : Je suis là parce que j'ai été complaisant, on m'a placé là et je resterai là.

Alors, vous pouvez assister aux scandales que vous voyez dans les arrondissements de Bretagne où les magistrats se montrent indulgents, pour ne pas dire plus, pour les uns, qui ont commis de graves délits, comme les bris de scellés dont on parlait tout à l'heure, tandis qu'ils se montrent impitoyables contre les républicains et qui, pour des injures qui n'en sont pas, frappent sévèrement nos amis pour des faits qui n'ont aucune gravité. (*Applaudissements.*)

Oui, citoyens, je le dis pour la honte des magistrats de Nérac, — je suis encore responsable de mes paroles — dans l'arrondissement que je représentais ; par haine de ma personne, des hommes républicains, mes amis, parce qu'ils ont été surexcités à la suite d'un banquet, mes amis, des hommes honnêtes comme vous, irréprochables comme vous tous, des citoyens purs, des pères de famille, ont été conduits dans la maison d'arrêt. Ils n'ont pas été mis en liberté provisoire et on les a condamnés à un mois de prison et cela au moment même où, en Bretagne, les hobereaux, les ducs et les duchesses, tous ceux qui couvraient d'ordure les représentants du pouvoir étaient condamnés à des peines ridicules et à des amendes qui n'avaient aucune importance. Voilà ce que l'on voit et il ne faut plus qu'on le voie. Pour cela, il faut supprimer l'inamovibilité. (*Applaudissements.*)

Le jour où le magistrat ne sera plus inamovible, il sera tout aussi indépendant.

(On réclame la clôture. Au milieu du bruit, on n'entend plus l'orateur qui, élevant de plus en plus la voix, termine ainsi) :

Quand, enfin, nous aurons une magistrature républicaine, ce jour-là on parlera peut-être moins de cette infaillibilité, de cette inamovibilité, de ces grandes choses et de ces grands mots, mais on aura des magistrats républicains, indispensables au salut de la République. (*Applaudissements.*)

M. Beauquier. — Citoyens, je n'ai que deux mots à dire: Je prends la parole tout simplement pour combler une lacune dans l'argumentation de notre ami Chauvin. Il a oublié de vous dire, et ceci est un fait important, capital, que l'élection des juges n'est pas une utopie, qu'elle existe en Suisse, en Amérique, et que les populations en sont absolument enchantées. (*Applaudissements.*) J'ai étudié cette question en 1881. J'ai fait un voyage en Suisse exprès pour me documenter sur les résultats de l'élection des juges, et, lorsque je suis revenu, j'ai proposé à la Chambre, dans un projet de loi, cette élection. J'avais pour adversaire, alors, M. Jules Roche... *(Rires et applaudissements ironiques)*, qui disait que, en Suisse et en Amérique, les populations n'étaient pas favorables à l'élection des juges quand on a changé le mode d'élection de la magistrature. Eh bien, j'ai apporté à ces affirmations le démenti le plus formel et j'ai lu des lettres d'un ami qui déclarait que la magistrature élue fonctionnait admirablement et que tout le monde en était satisfait. Je voulais dire encore que la proposition de l'élection des juges a été votée par la Chambre en 1881, mais quelques jours après on est revenu sur le vote. C'était déjà un résultat, car la Chambre n'était pas en majorité républicaine. Il y a donc 23 ans que la Chambre a voté l'élection des juges.

(Cris : La clôture ! Le citoyen Bepmale demande la parole. *autre dit :* Parlez ! parlez ! La clôture !)

M. Bepmale. — Citoyens, depuis que cette discussion est commencée nous voyons deux choses qui ne doivent pas être confondues. Il y a la réforme de la magistrature et la réforme judiciaire. On vous a exposé divers systèmes. On vous a demandé au nom de la commission l'élection des juges. Notre ami Lauraine vous a montré, lui aussi, qu'il serait peut-être bon d'instituer le jury, mais toutes ces choses c'est la réforme judiciaire et il faut aller au plus pressé et c'est la suppression immédiate de l'inamovibilité *(Très bien!)*. C'est là une œuvre d'assez longue haleine, mais il y a autre chose. On ne nous a parlé depuis un moment que de la magistrature assise, à ça est-ce que la magistrature debout serait républicaine ? *(Voix :* Elle n'est pas inamovible.) Oui ! mais vous savez bien aussi comment on la recrute et vous savez que ce sont les élèves des jésuitières qui, par droit de conquête, se sont emparés de tous les parquets de France. Vous savez très bien que lorsqu'on se trouve en présence d'un délit commis par un congréganiste on ne poursuit pas. Je dépose une proposition ferme que je demande au Congrès de voter immédiatement.

« Le Congrès demande que le gouvernement exige de tous les candidats aux fonctions dans la magistrature assise et dans la magistrature debout, qu'ils aient fait leurs études dans les établissements et les facultés de l'Etat. » *(Applaudissements.)*

Ce ne serait pas définitif, mais enfin ce serait un premier avertissement donné à ceux qui s'introduisent dans la magistrature et qui, étant debout ne rêvent qu'une chose, c'est de s'asseoir.

M. Chauvin. — Un mot pour vous dire que nous acceptons très volontiers, au nom de la commission, l'addition qui est présentée par le citoyen Bepmale, qui exige le stage dans les écoles de la République.

En ce qui concerne le texte proposé par la commission, je le maintiens avec l'addition des trois mots suivants : *ou de présentation.*

Voici donc le texte définitif :

Le Congrès émet le vœu que le principe de l'inamovibilité de la magistrature et le mode de recrutement des magistrats tels qu'ils existent dans la législature actuelle soient supprimés, et soient remplacés par un système d'élection ou de présentation qui donne à la nation les garanties de capacité, de civisme et d'indépendance qu'elle est en droit d'attendre de ses magistrats.

Il demande, en outre, que le gouvernement exige de tous les candidats aux fonctions de la magistrature assise et de la magistrature debout qu'ils aient fait toutes leurs études dans les établissements et les facultés de l'Etat.

M. Lagasse. — Je me rallie à votre proposition.

M. Bepmale. — Je demande que la suppression de l'inamovibilité soit immédiatement votée. *(Bruit. Cris :* La clôture).

M. Dubief. — Je mets aux voix la clôture de la discussion.

La clôture est adoptée.

M. Dubief. — Je suis saisi d'une motion préjudicielle, et d'un véritable amendement à la proposition de la commission. La motion préjudicielle est de notre collègue M. Huc, rédacteur de la *Dépêche de Toulouse ;* elle est ainsi conçue :

Le Congrès, attendant des pouvoirs publics une réforme démocratique de la magistrature, invite les chambres à supprimer d'urgence l'inamovibilité de résidence qui mêle le juge aux querelles locales et crée une magistrature de combat.

Je fais remarquer à l'assemblée qu'il n'y a pas d'incompatibilité et que la commission accepte.

La motion est adoptée.

M. Dubief. — Le citoyen Lauraine demande que le Congrès se prononce contre l'élection des juges et qu'il procède à la rédaction d'une formule permettant la réforme de la magistrature dans le sens républicain.

L'amendement est repoussé. Je passe maintenant à la proposition même de la commission. (*On demande la division.*) Je mets aux voix la première partie ainsi conçue :

« *Le Congrès émet le vœu que le principe de l'inamovibilité de la magistrature et le mode de recrutement des magistrats tels qu'ils existent dans la législature actuelle soient supprimés.*

La première partie est adoptée. Voici la deuxième partie :

Et soient remplacés par un système d'élection ou de présentation qui donne à la nation les garanties de capacité, de civisme et d'indépendance qu'elle est en droit d'attendre de ses magistrats. »

La deuxième partie est adoptée, ainsi que l'ensemble.

M. Dubief. — Citoyens, ce qui vient maintenant en discussion c'est l'application de l'article 201 et suivants. Cette discussion, qui est une discussion de doctrine, n'offre aucune difficulté et ce n'est qu'un exposé très rapide que le rapporteur a à vous faire ; je donne la parole au citoyen Chauvin.

M. Chauvin. — Cette proposition est formulée, je le reconnais, sous une forme un peu énigmatique. Nous ne sommes pas forcés de savoir tous ce que dit l'art. 201 du Code pénal. Je vous demande donc la permission de vous indiquer en deux mots ce dont il s'agit.

Vous savez qu'il y a eu, surtout au moment des élections législatives, une quantité innombrable d'ecclésiastiques qui se sont livrés à de violentes attaques contre le gouvernement de la République et qui se sont changés en de véritables agents électoraux. Vous savez aussi qu'il y a eu un certain nombre d'ecclésiastiques et d'évêques qui ont lancé des instructions pastorales et des mandements contenant des attaques contre les lois de la République. Je n'ai pas besoin de vous rappeler la campagne violente qui a suivi la loi sur les associations. Eh bien, je vous demande de mettre le gouvernement de la République à même de se défendre contre les hordes qui l'assaillent et de dire qu'on ne doit pas se contenter de l'appel comme d'abus. Il y a en effet autre chose et cette autre chose est contenue dans les art. 201 à 204 du Code pénal qui édictent différentes peines correctionnelles contre tout ecclésiastique se permettant en chaire une critique des lois de la République.

Or, ces textes sont en vigueur, ils n'ont pas été abrogés, ils ne sont que la suite des lois beaucoup plus sévères qui existaient sous la monarchie. Nous n'avons pas aperçu, pour notre part, quel était le motif qui empêchait la direction des cultes de les signaler au ministre de la justice, quel était le motif qui empêchait celui-ci d'ordonner des poursuites contre les ecclésiastiques qui se sont rendus coupables de ces faits et je demande au Congrès de signaler au garde des sceaux que des lois existent, que des armes sont là aux pieds de la République, qu'elle les laisse se rouiller et que nous lui demandons de les ramasser et de s'en servir. *(Applaudissements.)*

M. Dubief. — Je mets aux voix la proposition qui résulte des explications qui viennent d'être exposées au Congrès par le citoyen Chauvin.

La proposition est adoptée.

M. Dubief. — Citoyens, je dois annoncer au Congrès que j'ai reçu, au nom du groupe des Conférences radicales, un vœu. Si vous le voulez, je renverrai ce vœu à la commission chargée de son examen.

Adopté.

La séance est levée à 6 heures.

SÉANCE DU 11 OCTOBRE 1902

La séance est ouverte à 2 heures.

M. Dubief. — J'invite l'Assemblée à vouloir bien constituer son bureau pour la séance d'aujourd'hui. Conformément à ce qui a été décidé hier et aux propositions qui vous ont été faites et qui semblent avoir recueilli l'adhésion de l'Assemblée, je propose à vos suffrages pour président le citoyen Maujan. *(Très bien !)*

Le citoyen Maujan est élu président.

M. Dubief lui cède immédiatement le fauteuil.

M. Maujan. — Citoyens, vous avez à désigner vos vice-présidents. On a indiqué au comité exécutif et on soumet à votre vote les noms des citoyens Mascuraud, président du comité du commerce et de l'industrie. Vous connaissez le dévouement républicain et l'activité avec laquelle le comité du commerce et de l'industrie a mené les élections législatives. (*Applaudissements.*)

Sigismond-Lacroix, qui est un vieux lutteur et un journaliste impeccable, à la conscience fermement républicaine. (*Applaudissements.*)

Béraud, sénateur de Vaucluse, dont je n'ai pas à faire l'éloge ici et que toute la démocratie connaît; Pédebidou, sénateur; Michel et Cazeneuve, députés; Huc, de la *Dépêche de Toulouse*. Nous devons aux journalistes une place à côté de nous, car ils combattent le bon combat; Pozzioli, du *Petit Méridional;* Armand Basset, secrétaire de la rédaction du *Progrès* de Lyon; Juedlin, de la *France* de Bordeaux, et Beauquier, député du Doubs.

Citoyens, je soumets ces noms à votre approbation.

Adopté.

Pour secrétaires, je vous propose les noms suivants :

MM. Destrem, *Rappel;* Depasse, *Radical;* Michaud (Côtes-d'Or); Hugon, député; de Kerguezec (Côtes-du-Nord); Bonnet (Paris); Gaidon jeune (Lyon); Clapot, du *Lyon Républicain;*

Victor Jean, des Bouches-du-Rhône, et Durozoy, directeur de l'*Avenir de l'Aisne.*

Adopté.

Citoyens, nous avons reçu une dépêche du citoyen Brisson, elle est ainsi conçue :

Veuillez transmettre mes remerciements fraternels au Congrès pour m'avoir désigné comme président d'honneur, je vous signale pour le Congrès, s'il a paru dans le *Petit Provençal*, mon travail sur l'enseignement.

Salut cordial à tous.

HENRI BRISSON.

Le citoyen Maujan prononce le discours suivant :

Discours de M. MAUJAN

Je remercie les membres du Congrès de l'honneur qu'ils viennent de me faire en m'appelant à présider leurs travaux. La tâche me sera facilitée par la bonne volonté de tous et par le désir sincère que chacun de nous a de donner à notre parti la méthode et l'organisation nécessaires et définitives.

Hier, mon ami Dubief vous a rappelé éloquemment les espérances et les devoirs de la démocratie républicaine, et Delpech, avec sa précision d'esprit habituelle, a esquissé à grands traits, dans la première séance, cette question de l'organisation du parti radical et radical-socialiste, et vous avez approuvé chaleureusement les paroles de ces fermes républicains, de ces bons serviteurs de la République. (*Applaudissements.*)

Je voudrais aujourd'hui vous dire quelques mots de l'orientation politique et du programme. (*Très bien !*)

Citoyens, les dernières élections ont nettement indiqué la volonté de ce pays qui, écœuré de la politique césarienne des aventuriers, des petites conspirations de salon et de la guerre sournoise et implacable du cléricalisme, entend gouverner par le peuple et pour le peuple, en achevant pacifiquement l'œuvre de la Révolution française. (*Applaudissements.*)

Il est utile de rappeler le passé, car on oublie trop vite, et la démocratie a le devoir de se souvenir.

Eh bien, nous n'oublions pas, nous, comment la République a trouvé la patrie en pleine invasion, les efforts héroïques de la Défense nationale pour sauver l'honneur, les sacrifices consentis sans faiblir par les assemblées républicaines pour reconstituer les finances, l'armée et toutes les forces vives de la nation.

Il fallait faire sortir des décombres et des ruines de cet empire, sombré dans la boue des capitulations, la cité nouvelle, la cité de liberté et de justice sociale ; il fallait refaire une âme à ce peuple découragé et vaincu. (*Bravos !*)

Nous n'oublions pas non plus nos luttes, nos angoisses, nos victoires, pour asseoir, définitivement incontestée, la République dans ce pays.

Par trois fois la réaction monta à l'assaut des institutions républicaines. Nous avons connu les soldats pontificaux du Seize-Mai, les reîtres de la Boulange et les muscadins du Nationalisme, qui rêvaient, ceux-là, d'une République à leur taille, d'une petite République théocratique, d'une République à l'usage des gens du monde.

Eh bien, tout cela est mort. Le suffrage universel a balayé ces fantômes, et il ne reste debout, en face de la démocratie triomphante, que l'éternel ennemi, que la puissance cléricale, celle qui a mené toutes les intrigues, subventionné tous les complots, et qui, masquée ou impudente, doucereuse ou menaçante, arborant tous les drapeaux, celui du ralliement comme celui de la liberté, poursuit, à travers les crises, les deuils et les ruines de la patrie, son rêve d'asservissement des races libres, au profit de ses ambitions égoïstes et insatiables. (*Applaudissements prolongés.*)

C'est elle qui, depuis trente ans, conduit cette guerre d'embuscades contre la République, absorbant peu à peu toutes les sources du progrès, et cela grâce à la complicité de ces soi-disant libéraux, de ces sophistes, prêts à livrer à la congrégation, au nom de la liberté, l'avenir des générations républicaines. (*Bravos !*)

Eh bien, cette lutte, nous l'acceptons et nous la mènerons jusqu'au bout. Nous soutiendrons le gouvernement dans l'application de la loi sur les associations; nous compléterons cette loi, en la débarrassant des *distinguos* qui l'obscurcissent et l'affaiblissent; nous ferons une œuvre claire qui traduira nettement nos aspirations, en vue de l'affranchissement de toutes les servitudes cléricales.

Et nous ne voulons pas confondre la loi sur les associations, qui est une loi de liberté et de garantie, avec la question des rapports de l'Eglise et de l'Etat, qui n'est autre chose qu'un contrat dont nous parlerons tout à l'heure. (*Très bien, très bien !*)

Ce que j'ai voulu prouver, c'est que la République depuis trente ans, a dû toujours se défendre, c'est que son existence a toujours été contestée et mise en péril, et que, dans cette lutte sans trêve, qui a ruiné le temps de la patrie, elle n'a pu mettre sur pied, et incomplètement encore, que deux lois, la loi scolaire et la loi militaire, qu'elle tiendra à honneur d'élargir demain, dans un sens d'égalité et de justice. (*Applaudissements.*)

On a dit que le Boulangisme avait coûté vingt ans de réformes à la France, cela est vrai. Notre politique, jusqu'à présent, a été une politique de défense républicaine; le jour est venu d'inaugurer une politique d'action et de réformes démocratiques. (*Vive approbation.*)

Et si un parti est spécialement désigné pour cette œuvre, c'est bien le parti radical et radical-socialiste. L'heure historique a sonné pour lui; il a la confiance de la démocratie, il a la majorité, il a le programme immédiatement réalisable : ni la volonté, ni les hommes ne lui feront défaut.

Il compte dans le gouvernement des membres actifs et résolus. Le Président du Conseil est des siens, et certes il ne marchandera pas sa confiance à cet honnête homme, à ce chef convaincu, énergique et sûr. (*Très bien, très bien.*) Mais il faut que notre parti précise son orientation politique, qu'il indique avec méthode les réformes qu'il entend faire aboutir, et, qu'après avoir rappelé les principes du vieux parti républicain, qui sont sa tradition, son honneur et sa force, il arbore une sorte de programme de législature.

Il faut, avant tout, que, débarrassé des formules absolues, trop souvent étroites et stériles, il se proclame et il se montre le continuateur hardi de l'œuvre de la Révolution française. (*Bravos.*)

On l'a dit : la Révolution de 1789 n'est ni un acte, ni un fait ; elle est surtout une doctrine politique.

La Révolution, en effet, ce n'est point tel ou tel fait, si habilement choisi soit-il, c'est la Déclaration des Droits de l'homme et du citoyen.

Le jour où il fut proclamé que « tous les hommes naissent et demeurent libres et égaux », il y eut un changement de direction dans le monde : le problème jusqu'alors obscur et douloureux de la civilisation était posé en traits de flammes. L'humanité allait penser et agir. (*Applaudissements.*)

Oui, c'est bien là une doctrine de vie supérieure et de progrès incessant, et de laquelle devait logiquement découler les conséquences suivantes : La souveraineté nationale s'exerçant par le suffrage universel, c'est-à-dire par la République, et en même temps, l'avènement de la démocratie par la liberté et l'égalité.

Voilà bien l'œuvre de la Révolution, la loi humaine et définitive, et la première affirmation de la solidarité sociale. (*Bravos.*)

Et c'est cette œuvre de lumière que l'éternel ennemi combat depuis un siècle, car il ne faut pas s'y tromper : la République est d'essence laïque, c'est-à-dire exclusivement basée sur la libre raison et sur l'indépendance de la pensée humaine.

La laïcité de l'Etat n'est pas autre chose que l'absolue indépendance de l'Etat.

Que les religions gardent leur place dans le domaine de la pensée et de la conscience, ce n'est pas la République qui leur marchandera jamais l'air pur de la liberté et de la discussion.

La religion est une doctrine, nous pouvons philosophiquement la discuter, mais nous ne la confondons pas avec le cléricalisme qui s'érige en pouvoir politique, et qui, par l'unité de ses ambitions temporelles, tend à la domination universelle. (*Applaudissements prolongés.*)

Avant 1789, l'Eglise catholique, en France, est maîtresse de tout, de la vie publique comme de la vie privée ; comme la royauté, et bien avant elle, elle se réclame du droit divin, auquel la démocratie devait opposer le droit humain, comme nous opposons à sa charité théocratique les principes de solidarité sociale.

C'est l'Eglise alors qui dirige ou surveille l'assistance, qui donne ou contrôle l'enseignement, qui interdit tout emploi public aux non catholiques, qui reçoit ou détient tous les actes de la vie civile, qui forme un ordre privilégié quant à la justice, à l'impôt, à la corvée et à la milice, qui règne enfin comme un état dans l'Etat ; Et ses richesses, comme ses revenus, sont immenses, à l'heure même où le trésor royal est vide et où la nation de demain va être acculée à la banqueroute. (*Bravos.*)

La Révolution, par la seule Déclaration des Droits de l'homme et du citoyen brisa cette main-mise de l'Eglise sur l'Etat. On a donc le droit de dire que la Révolution a laïcisé l'homme et l'Etat.

N'est-ce pas la Révolution, en effet, qui après avoir supprimé les ordres monastiques et tous les privilèges sacerdotaux, après avoir ordonné la laïcisation de l'assistance, et complètement laïcisé l'enseignement public et privé, en interdisant le droit d'enseigner aux ecclésiastiques, aux moines, aux religieuses, prononçait en septembre 1794, la séparation de l'Eglise et de l'Etat, et proclamait, en février 1795, non pas la suppression d'une religion quelconque, mais la liberté de tous les cultes? (*Vifs applaudissements.*)

Et c'est pour réaliser son œuvre d'ambition personnelle, pour avoir « ses évêques et ses curés comme il avait ses préfets et ses maires » que Bonaparte conclut *secrètement* avec l'Eglise catholique le trop fameux Concordat de 1801, qui détruisait l'œuvre laïque de la Révolution. Oui, le Concordat nous apparaît comme l'acte contre-révolutionnaire par excellence. (*Bravos*).

Eh bien, cette œuvre de la Révolution, nous entendons la reprendre ; cette question des servitudes cléricales que la démocratie subit encore, nous la résoudrons par la liberté. Le Concordat est un contrat de dupes, l'Eglise crie à la persécution ; Nous et Elle, nous reprendrons notre liberté. Nous dénoncerons le contrat ; la République n'a pas à subventionner de cinquante millions des adversaires qui la combattent sans merci. (*Salve d'applaudissements.*) La séparation de l'Eglise et de l'Etat, mais c'est la solution la plus franche, la plus sûre et la plus digne. La religion ne s'en portera pas plus mal et le bon sens et la liberté y trouveront leur compte. (*Applaudissements.*) Le premier devoir d'un gouvernement est de se défendre. Qui ne défend pas la République la trahit, et la démocratie doit d'abord assurer ses derrières avant de poursuivre sa route en avant vers le progrès et la justice sociale. (*Bravos.*)

D'autre part, l'Eglise qui prétend que son chef, aujourd'hui infaillible, ne peut transiger avec le progrès et la civilisation modernes, moins que tout autre ne saurait donner l'enseignement qui serait forcément celui de sa doctrine politique et sociale. Les véritables éducateurs du peuple sont les instituteurs laïques, ceux que Montalembert appelait dédaigneusement « les officiers de la République démocratique et sociale ». C'est par eux que nous assurerons l'unité morale de la patrie. (*Salve d'applaudissements.*)

Ah! nous savons bien que pour cette œuvre de laïcisation il nous faudra trouver des ressources importantes, et c'est ici que se pose le problème des finances de la République, le problème de la réforme générale de l'impôt.

Disons-le nettement, deux lois nous sont nécessaires pour faire aboutir les réformes sociales et pour achever l'œuvre de la Révolution. Dans l'ordre politique, la réforme électorale avec le scrutin de liste et des mesures contre la corruption et l'argent, et pour assurer l'indépendance absolue du suffrage universel ; et dans l'ordre économique, la réforme de l'impôt par un impôt progressi sur le capital et sur le revenu et un impôt sur les successions, réforme qui nous donnera l'argent indispensable à la réalisation de toutes ces grandes questions qui touchent à l'instruction et à l'assistance, au crédit, au salaire et à la retraite pour le travailleur, qui nous permettra de réaliser en un mot le programme de liberté et de solidarité de la République. (*Oui ! oui ! Applaudissements.*)

Je n'ai pas besoin de justifier, devant des radicaux, la valeur et la nécessité du scrutin de liste. C'est le scrutin des idées et de l'indépendance, le seul qui puisse déterminer les grands courants politiques, et entraîner l'accomplissement des réformes. Il est temps, citoyens, de substituer à la lutte stérile des personnes, la bataille féconde des idées et des programmes. (*Applaudissements.*)

La République n'a pas encore son régime fiscal, un régime qui corresponde au génie démocratique du pays.

On a conservé avec un soin jaloux l'ancien système centralisateur et autoritaire du passé ; on a gardé le budget de la monarchie, auquel est venu s'ajouter, par la force des choses, un budget spécial à la République, c'est-à-dire un surcroît de charges, de sorte que nous sommes aujourd'hui à la tête de deux budgets, et les dépenses, depuis vingt-cinq ans, ont augmenté de plus de cent millions dans les grandes administrations. Quel régime faut-il donc établir ?

Là, comme partout, c'est la Révolution qui nous apporte la solution nécessaire, la Révolution qui avait supprimé ces impôts de consommation pesant si lourdement sur le peuple, et qui a proclamé le véritable principe en matière fiscale en disant que chaque citoyen doit contribuer aux charges publiques proportionnellement à ses facultés.

Il résulte de ces données que l'impôt doit être personnel, et pour demeurer proportionnel aux facultés de chacun, pour qu'il y ait égalité de sacrifices, il faut qu'il soit progressif ou dégressif en raison des charges de famille. Voilà un premier principe. L'impôt doit s'adresser à toutes les sources de richesse, capital ou revenu, frappant surtout le luxe, le superflu, la richesse acquise et la spéculation, et dégrevant le travail sous toutes ses formes. Voilà l'autre principe.

La formule découle logiquement de ces principes : à côté des impôts indirects qui ont le caractère facultatif comme l'impôt sur les tabacs et sur l'alcool, à côté des produits des monopoles de l'Etat, établis en vue de la défense nationale et de l'hygiène publique comme les chemins de fer, les mines et la rectification de l'alcool, que nous conserverons ou que nous instituerons, nous demanderons les ressources nécessaires à l'établissement du budget démocratique et social de la République à l'impôt personnel et progressif sur le capital et sur le revenu. (*Bravos.*) Prenez garde, nous dit-on dans certain parti, notre système d'impôts a fait ses preuves, c'est un admirable système — oui c'est surtout un admirable système d'improportionnalité et d'injustice — car un système qui prélève sur le travailleur presque le quart de son maigre salaire est un système qui doit être radicalement rejeté par une démocratie républicaine. (*Applaudissements.*)

Oui, ce vieux système improportionnel, antidémocratique, d'un recouvrement coûteux, d'une comptabilité si complexe, qui pèse sur le travail et qui épargne la richesse, doit être profondément modifié.

L'impôt progressif sur le capital et le revenu ne doit pas être traité comme un expédient budgétaire, ni se borner à remplacer quelques-unes des quatre contributions directes, c'est une réforme entière et radicale qui supprimera toutes les taxes iniques existantes, qui diminuera la cherté de la vie et permettra au travail de respirer et de se développer à l'aise et sans entraves. (*Bravos.*)

C'est l'instrument naturel des réformes sociales, qui toutes exigent de l'argent, c'est le générateur démocratique du progrès. (*Très bien, très bien!*)

Certes, nous sommes partisans de la politique des économies, nous n'ignorons pas que des réductions sont à opérer dans l'administration décentralisée, que la politique budgétaire est partie intégrante de la politique générale, que le budget est comme le miroir des réformes; mais nous reconnaissons que nous aurons à supporter longtemps encore les sacrifices de cette paix armée qui nous est imposée et qui assureront au pays son honneur et sa sécurité. (*Approbation.*)

Il s'agit donc de savoir comment cette charge énorme de plus de trois milliards et demi sera répartie sur les épaules de la nation de façon que sa marche vers le progrès ne soit ni retardée, ni arrêtée.

Eh bien ! il ne faut pas, comme dans le système actuel, que les plus faibles supportent les charges les plus lourdes. L'heure est venue de faire la répartition égale des charges publiques. Chaque citoyen apportera ainsi sa contribution à la solidarité en raison même de ses facultés. (*Applaudissements.*)

Nous demanderons les ressources complémentaires à un impôt élargi et plus juste sur les successions. Ceci est la plus légitime des contributions.

Dans une société démocratique, où la grande loi est le travail, où pour être quelque chose il faut être quelqu'un, c'est-à-dire le fils de ses œuvres, l'héritage en ligne collatérale ne saurait être considéré que comme un privilège et une inégalité.

C'est la Révolution qui a créé la petite propriété, et pour la maintenir, pour en assurer le développement, il faut, par une loi équitable, empêcher la reconstitution de la grande propriété. Et il est juste de frapper progressivement cette dernière au moment de sa transmission en d'autres mains. Cet impôt sur les valeurs successorales, qui dépassent annuellement six milliards, nous fournira les ressources nécessaires à la réalisation des lois de solidarité. La patrie, qui est à tous, ne doit pas être possédée par quelques privilégiés. (*Vifs applaudissements.*)

Nous venons de rappeler la doctrine laïque et économique de la Révolution, et nous la faisons nôtre en opposition aux prétentions théocratiques de la contre-Révolution. Ah ! c'est que le problème de notre époque n'est plus, comme au moyen âge, la vie future et la justice posthume, mais la vie présente et l'effective solidarité sociale, et l'élévation incessante de la vie elle-même pour atteindre à l'épanouissement complet de la personne humaine dans la collectivité pacifiée. (*Vive approbation.*)

La lutte entre les hommes a créé le droit, et le droit n'a été qu'un premier pas vers la paix et la justice. Pour transporter complètement la justice dans le droit, pour créer une véritable justice sociale, il est évident qu'il faut socialiser le droit, c'est-à-dire poursuivre résolument la disparition de tout privilège, réduire le vieil antagonisme de l'intérêt particulier et de l'intérêt collectif, parvenir, en un mot, à établir un minimum d'inégalité dans la plus grande liberté possible.

Le socialisme, tel que nous l'entendons — et il ne faut pas avoir peur des mots, car c'est avec les mots mal interprétés que l'on étrangle les idées — ce n'est pas une révolte des salariés contre le capital, c'est tout le problème de la civilisation par le développement de la raison libre et par l'effort loyal, tenace et inlassable vers la justice sociale. (*Applaudissements.*)

Il faut avoir le courage de l'affirmer, il ne peut exister de dogme infaillible ni en faveur de la propriété, ni contre la propriété sous sa forme actuelle. La propriété privée n'a été et n'est encore qu'une « méthode de progrès social », et c'est à ce titre que nous la préconisons. Elle est pour nous la garantie la plus sûre de l'activité, de la liberté, de la dignité humaine. Personne, au surplus, à moins de viser au prophétisme quand même, ne peut édicter par avance les formes économiques de l'avenir. Il n'y a pas de formule unique et absolue, car il y a pas la question sociale, mais des questions sociales qui seront résolues successivement et par des méthodes différentes. (*Bravos.*)

Oui, si la première République nous a donné la liberté civile, si la République de 48 nous a apporté la liberté politique, il appartient à la troisième République de nous donner la liberté économique, c'est-à-dire de résoudre cette grande question de l'émancipation du travail.

Et pour cette œuvre nous n'excluons personne, nous ne connaissons pas d'ennemi à gauche. Nos principes sont clairs, on peut venir à nous, et nous nous adressons au loyalisme républicain, en nous déclarant, en dehors de la formule absolue du collectivisme, des radicaux et des socialistes. (*Applaudissements prolongés.*)

L'armée démocratique est en marche vers les réformes, nous n'avons ni à nous arrêter, ni à tourner la tête. C'est en avant que nous portons nos regards. Le progrès se fait par étapes, nous ne l'ignorons pas, et libre à des Français de venir à nous, c'est-à-dire de se grouper autour de notre programme. Mais, en attendant, nous restons à notre rang, et nous n'acceptons ni combinaison, ni compromission avec cette politique de soi-disant apaisement prônée par les libéraux, et que nous considérons comme une politique d'abandon, le trahison envers l'idée démocratique. Et nous disons que si la République ne doit pas être la chose d'un parti, c'est aux seuls républicains qu'il convient d'en confier le service et la garde. (*Bravos prolongés.*)

Mais nous proclamons que la meilleure façon de défendre la

République est dans l'offensive contre la réaction par le vote des réformes sociales. (*Applaudissements.*)

Oui, les réformes nous les voulons profondes ; oui, les inégalités sociales nous les déplorons et nous voulons les réduire ; oui, nous sommes entraînés vers les petits, vers ceux qui souffrent, et nous voulons la destruction de cette vieille misère humaine qui ne doit pas être éternelle, mais nous disons hautement que ce sera l'œuvre non d'une école ni d'une formule, et qu'on aboutira par la collaboration loyale de tous les esprits sincères et démocratiques. Le penseur y apportera son âme, comme l'ouvrier le concours de son vote énergique. (*Applaudissements.*)

Au surplus, il n'est plus politiquement parlant de bourgeois ni d'ouvriers, la Révolution et le suffrage universel ont fait de tous des citoyens et des électeurs, et notre doctrine qui vise la fusion des classes, et non la division et la lutte des classes, est toute dans la pacification par les réformes, c'est une doctrine de fraternité et de solidarité sociale, car on ne fonde rien avec la haine. (*Bravos.*)

Parlons franc et net aux travailleurs, ils nous comprendront. Soyons le serviteur de la démocratie, jamais son courtisan. Le peuple est généreux et juste, et c'est sur lui que nous voulons nous appuyer, c'est en lui que nous entendons puiser notre force et nos aspirations, en cette foule qui a remporté toutes les grandes victoires de l'humanité, qui n'est pas le quatrième Etat, mais le Souverain, l'Etat, devant lequel tout pouvoir doit s'incliner, et qui, suivant Mirabeau, est l'instrument naturel de la Constitution, le garant sacré de la paix sociale et la sentinelle incorruptible de la Patrie. (*Applaudissements répétés.*)

Telle est, dans ses lignes générales, notre doctrine, la doctrine du parti radical et radical-socialiste. (*Applaudissements.*)

Au point de vue des détails, nous n'avons qu'à rappeler le programme du vieux parti républicain, avec la justice gratuite commune et égale pour tous, dégagée des mômeries du moyen âge, et la suppression des tribunaux d'exception, la protection de l'enfance, et l'accession de la femme aux droits civils.

Dans l'ordre constitutionnel, si nous admettons le Sénat, que son mode de recrutement démocratise de plus en plus, nous demanderons un règlement plus net des droits financiers de la Chambre du suffrage universel, la suppression des électeurs de droit sénatoriaux, qui doivent être délégués directement par les citoyens, et au moment où les questions politiques se posent et où les programmes du renouvellement se discutent, et la suppression du droit de dissolution.

Dans l'ordre social, à côté des lois de protection et d'assistance du travail, dont il faut proclamer les droits égaux à ceux du capital, car, pour nous, le devoir de l'Etat est d'intervenir afin de rétablir l'équilibre entre les forces sociales inégales, à côté des lois contre l'accaparement et la spéculation que nous ferons revivre, il nous faudra armer, au début de la vie, le travailleur par l'instruction accessible à tous les degrés, le protéger adulte par le crédit au travail associé, par la participation aux bénéfices et la liberté syndicale agrandie, laquelle est la barrière à opposer au scandale de cette nouvelle servitude qu'on appelle les trusts, et vieillard, lui assurer enfin sur le budget de cette société qu'il a enrichie de son rude labeur, le pain de ses vieux jours. (*Applaudissements répétés.*)

Au point de vue militaire nous demanderons la reduction du service à deux années, la réduction des 13 jours et la réduction à trois semaines du service actuellement exigé pour nos réservistes de l'armée de première ligne. Nous poursuivrons l'organisation d'une nombreuse infanterie montée et nous atteindrons à l'unité d'origine pour les officiers, en même temps que nous constituerons un corps solide de sous-officiers. (*Approbation.*)

Certes nous sommes partisans de la politique de paix, nous disons que la paix est l'air respirable des Républiques comme la guerre est la tradition et la nécessité des monarchies, nous savons que sans elle le progrès est vain, mais l'armée est nécessaire à un pays comme le nôtre qui doit tout prévoir en raison de sa situation territoriale et de son passé historique, et si nous voulons une armée forte par l'instruction, par le nombre et la discipline, nous entendons que cette armée, qui sort des entrailles de la nation, ne fasse qu'un avec elle, et que, loyale et démocratique, elle n'ait son clair regard tourné que du côté de la frontière. (*Salve d'applaudissements.*)

L'armée ne saurait être une caste aujourd'hui, c'est la nation entière levée pour sa défense, et, certes nous ne confondrons jamais un certain militarisme avec le pur patriotisme des Kléber, des Hoche et des Marceau. (*Bravos.*)

Et sur ce terrain, la République, qui a dépensé en trente années 20 milliards pour la dépense nationale, défie toute critique. Et les descendants de ces volontaires de 92, de ces va-nu-pieds superbes qui apportaient au monde ébloui la liberté, n'ont pas de leçon à recevoir des petits-fils des émigrés de Coblentz et des traitres de Quiberon (*Bravos.*)

Le patriotisme n'est le monopole d'aucun parti. Il est à tous, car la patrie, ce n'est pas seulement ce champ, cette maison, ce coin de terre où nous avons vécu, c'est avant tout le passé glorieux ou douloureux de la race, c'est la grande souffrance des serfs de la glèbe, ce sont ces acclamations éclatant dans tous les esprits à l'aurore de la Révolution, ce sont les larmes pleurées ensemble aux jours de défaite, ce sont nos gloires, nos savants, nos poètes, nos matyrs, c'est la France et c'est la République ! (*Applaudissements répétés.*)

Citoyens, c'est dans ces sentiments, c'est avec cet idéal que nous marcherons vers le progrès. C'est en mettant le mouvement dans les idées et dans les réformes que nous empêcherons la violence et le mouvement révolutionnaire de la rue. C'est de la libre discussion, c'est du suffrage universel, c'est du bulletin de vote que nous attendons l'avènement de la justice sociale, et si la route est rude, marchons, marchons toujours sans souci des cris, des injures et des calomnies.

L'Idée, elle, est rayonnant et haute, et la boue des insulteurs ne monte pas jusqu'à elle. (*Bravos.*) Voilà notre drapeau ; élevons-le bien haut, ce drapeau, qui a été salué par les penseurs et les martyrs du haut des bûchers et des échafauds et que les soldats du droit ont acclamé sur la barricade de Baudin. (*Applaudissements prolongés*. C'est le drapeau de la République démocratique et sociale qui porte dans ses plis, avec les espérances du peuple et les droits de l'émancipation humaine, toutes les gloires des ancêtres et toutes les grandes traditions de la Révolution française. (*Longues acclamations*.)

L'Assemblée, debout, fait une ovation à l'orateur, qui est entouré et vivement félicité par les congressistes présents sur l'estrade.

L'Assemblée tout entière réclame l'impression et l'affichage du discours du citoyen Maujan.

M. Maujan. — Vous demandez l'impression, mais cela va affecter d'une façon singulière les finances du comité radical et radical-socialiste. Je crois que l'on préparera à la fin de vos travaux une brochure qui reproduira tous les travaux du Congrès. (*De tous côtés :* l'impression ! l'impression !)

Les congressistes, debout, votent l'impression et l'affichage par acclamation et à l'unanimité.

M. Béraud. — Je crois être l'interprète d'un certain nombre de nos amis en demandant également que vous décidiez l'impression du discours de notre ami, le citoyen Delpech, (*Applaudissements*.)

M. Maujan. — Je mets aux voix le principe d'une brochure qui rappellera les travaux du Congrès et qui reproduira en même temps les discours dont vous avez voté l'impression.

La proposition est adoptée.

Citoyens, nous avons une séance très chargée. Nous avons ici à achever l'étude du programme du parti radical et radical-socialiste.

Je donne la parole au citoyen Masson, rapporteur de la commission des chemins de fer.

M. Masson. — Citoyens, je vais vous donner lecture des propositions qui ont été adoptées par la commission.

Citoyens,

La commission chargée d'étudier les questions qui se rattachent au rachat des Chemins de fer et des Mines par l'Etat s'est occupée de la première partie de son programme, celle qui préoccupe le plus le pays.

Nul n'ignore aujourd'hui. qu'en vertu des conventions de 1883, l'Etat a prêté aux Compagnies de l'Ouest, du Midi, de l'Orléans, de l'Est et du P.-L.-M. une somme qui, au premier janvier 1902, s'élevait en capital et intérêts à un milliard 145 millions.

Ces compagnies pourront-elles rembourser ces sommes avant la fin de la période de concession c'est-à-dire de 1956 à 1960 ?

Cela est impossible car de 1883 à 1902, avec des années de grande prospérité, elles n'ont pu rembourser sur leur dette de garantie que la modeste somme de huit millions neuf cent mille francs.

D'autre part le budget des compagnies comprend un milliard et demi de recettes et 780 millions de dépenses.

Le contrôle de ces recettes et dépenses est tout à fait illusoire.

Enfin, le développement économique et la défense nationale sont intimement liés à l'exploitation des réseaux ferrés par l'Etat.

L'expérience de cette exploitation existe en France depuis 1878 et les résultats ont été absolument merveilleux. En 1884, le réseau de l'Etat actuel donnait un produit net de 4 millions 257 mille francs et en 1899, c'est-à-dire, 15 ans après, ce même produit net s'élevait à 15 millions de francs.

En dehors de la garantie d'intérêts, l'Etat a donné aux compagnies diverses sommes, lesquelles au 31 décembre 1899 occasionnaient au trésor public les dépenses suivantes par kilomètre exploité et par an. Le total de ces dépenses est de 4 milliards 350 millions.

Par kilomètre :
5.062 francs au P.-L.-M.
6.943 — au Midi.
6.027 — à l'Est.
7.434 — à l'Ouest.
7.226 — à l'Orléans.

La même dépense kilométrique au réseau de l'Etat est de 6.342 francs.

Ces chiffres prouvent bien que l'exploitation par l'Etat est moins onéreuse que celle par les compagnies.

D'autre part l'Etat ne demande aucune garantie d'intérêt.

En dehors de l'intérêt économique et financier, que nous venons d'exposer et qui est primordial, il y a le plus grand danger à maintenir l'état de chose actuel au point de vue politique et à conserver en quelque sorte des Etats dans l'Etat.

La direction et l'exploitation de nos réseaux sont pour la presque totalité entre les mains d'adversaires déclarés des idées démocratiques.

Il suffit pour s'en convaincre, d'examiner quelles sont dans la presse, et dans le pays, les opinions de ceux qui défendent, malgré tout et contre tous, les dirigeants et l'exploitation de nos réseaux.

Pour tous ces motifs :

Votre commission vous propose :

1° De demander que le ministère soumette sans délais au Parlement le projet de rachat des réseaux ferrés ou tout au moins provisoirement le projet de rachat de l'Ouest et du Midi.

2° La commission prie également le Congrès de donner au citoyen Bourrat, député, la mission de continuer la campagne qu'il a déjà entreprise afin d'arracher des mains d'une minorité puissante un outillage national qui, dans l'intérêt général, doit être la propriété du pays.

Vous penserez certainement, comme la commission, que le parti radical et le parti radical-socialiste ont le devoir d'aider et d'encourager le citoyen Bourrat dans une tâche que la presse elle-même hésite à entreprendre.

Signé : Docteur MASSON,
Ancien député du Rhône.

M. BOURRAT. — Citoyens, je tiens à m'expliquer d'une façon très nette.

Je suis partisan du rachat intégral de toutes les compagnies, mais j'estime qu'il convient de faire une expérience de deux, trois ou quatre années, avec un réseau d'Etat beaucoup plus considérable que celui qui existe à l'heure actuelle.

Si je propose de limiter la proposition au rachat de l'Ouest et du Midi, c'est parce que le Parlement acceptera avec une majorité considérable cette mesure.

Ces deux réseaux doivent à l'Etat, du chef de la garantie d'intérêts, une somme plus grande que celle qui représente leur gage, et si l'Etat ne procédait pas au rachat et continuait à donner des garanties, il serait dans la situation d'un bailleur de fonds qui continuerait à faire des avances à un créancier insolvable.

Le réseau de l'Ouest a 5.685 kilomètres, celui du Midi 3.481 kilomètres ; le réseau d'Etat actuel a 2.791 kilomètres. La longueur totale du nouveau réseau d'Etat serait donc de 11.957 kilomètres.

L'expérience serait concluante *(Très bien.)*

D'un autre côté dans trois ou quatre ans les actionnaires eux-mêmes du réseau du P.-L.-M. demanderont le rachat.

En effet, cette compagnie rembourse sa dette de 150 millions au moyen d'une annuité de 6 millions, mais l'année dernière, ce réseau a dû emprunter aux particuliers les 6 millions de son annuité et a emprunté à nouveau à l'Etat au moyen de la garantie d'intérêts la somme de 10 millions et demi.

Mais la garantie d'intérêts cesse en 1914 et si, après cette cessation, les résultats de l'exploitation sont identiques à ceux de l'année dernière, il ne restera pas de fonds pour le payement des dividendes.

J'estime que si le rachat n'est pas demandé par ces actionnaires avant 1907, il y a intérêt pour l'Etat à attendre l'année 1915.

Avec le rachat, les dividendes sont garantis jusqu'en fin de concession, c'est-à-dire jusqu'en 1956.

Citoyens, je remercie le Congrès, je remercie la commission des conclusions qu'elle vous a présentées, elles sont pour moi un encouragement à continuer et je ne suis pas homme à abandonner la lutte. *(Applaudissements.)* Je ne veux suspecter personne, mais il serait intéressant de savoir où passent les sommes auxquelles faisaient allusion un de nos collègues et où elles vont. Eh bien, si l'Etat reprenait les réseaux il y aurait un certain nombre de journaux qui attaquent la République qui disparaîtraient comme par enchantement. *(Applaudissements.)*

Les conclusions du rapport sont adoptées.

M. HENRI GENEVOIS présente au nom de la 3e Commission (Propagande) un rapport concluant aux résolutions suivantes qui, mises aux voix, sont successivement votées à l'unanimité :

1° *Vœu tendant à la création de Comités républicains dans tous les cantons et, autant que possible, dans toutes les communes :*

Tous les élus (sénateurs, députés, conseillers généraux) qui se réclament du programme radical sont tenus de donner leur appui, à ces comités en acceptant leur présidence d'honneur et en leur prodiguant leurs conseils et leur parole.

2° L'action de propagande des élus devra s'étendre aux circonscriptions de leur région momentanément privées de représentants de notre Parti.

Le Comité exécutif est invité à seconder la formation de ces comités par tous les moyens en son pouvoir et notamment au moyen de subsides et par la création de bibliothèques.

3° Que tous les parlementaires adhérents au parti radical et radical-socialiste se mettent à la disposition du Comité exécutif du Parti pour les conférences qu'il y aurait lieu d'organiser en province.

Un tableau des parlementaires et des orateurs du Parti établirait un service de roulement parmi les élus et les conférenciers demandés par les Comités des départements.

4° *Vœu tendant à ce que la Fédération se mette à la disposition des Amicales d'anciens élèves d'écoles laïques pour leur envoyer des brochures ou des conférenciers.*

5° *Vœu tendant à la mise en vigueur de la circulaire Waldeck-Rousseau, de 1881, recommandant aux préfets de se mettre en contact, au moins une fois par an, avec les communes de leur département et à la disposition des habitants pour écouter leurs doléances et réclamations.*

6° Le Comité central de Paris ne devra, dans toutes les élections, lors du premier tour de scrutin, donner son appui qu'aux candidats radicaux et radicaux-socialistes exclusivement; et devra appuyer partout, au second tour, le candidat républicain le plus avancé, dans le cas où ce dernier réunirait le plus grand nombre de suffrages.

7° Le Congrès émet le vœu que tous les groupements radicaux et radicaux-socialistes encouragent et provoquent, dans leur périmètre d'action, la création de patronages laïques.

8° Le Congrès invite M. le Ministre de l'Instruction publique à envoyer une circulaire aux préfets pour les engager à choisir les délégués cantonaux parmi les républicains, à l'exclusion de ceux qui envoient leurs enfants dans les écoles congréganistes, comme il en existe actuellement.

9° Le Comité exécutif est invité à répandre simultanément les journaux locaux en vue d'une action électorale précise, et les journaux parisiens radicaux et radicaux-socialistes en vue du maintien de la doctrine qu'il importe de ne pas laisser dénaturer par les incidents secondaires.

10° *Vœu tendant à la création d'une correspondance hebdomadaire qui serait adressée aux petits journaux radicaux.*

11° Le Congrès émet le vœu :

Que les programmes d'enseignement et les matières d'examen comprennent l'histoire exacte de la Défense nationale, et que l'on rappelle notamment aux nouvelles générations que la puissance cléricale — plaçant le souci du pouvoir temporel du Pape au-dessus du souci de la Patrie — a fait rejeter des alliances qui eussent été le salut, et nous a, par conséquent coûté l'Alsace et la Lorraine.

Il émet aussi le vœu que ces questions soient traitées avec détail et précision dans les cours d'adultes et dans les œuvres post-scolaires.

M. Bauquier. — Citoyens, je veux simplement ajouter un mot pour compléter l'exposé si pratique qui vient de vous être développé, c'est au point de vue de la propagande par la presse. Il est entendu, comme vous dit le rapport, que nous devons faire tous nos efforts pour propager la bonne presse, c'est-à-dire la presse radicale-socialiste. Je soumets un moyen qui me paraît capital. Ne croyez-vous pas qu'à l'instar, qu'à l'imitation de nos adversaires, nous devrions créer un organe hebdomadaire dans le genre de celui qu'ils ont créé et qui s'appelle *la Croix*. *(Applaudissements.)* Cet organe hebdomadaire pourrait être rédigé à peu de frais. Nous ferions comme les *Croix*. On ne ferait qu'un article qui servirait à tous les journaux des différentes localités et chaque journal ferait sa petite politique régionale à côté des articles de fond. De cette manière nous éviterions les frais de rédaction comme *la Croix*. *(Applaudissements.)* Je parle d'un journal hebdomadaire parce qu'il ne faut pas oublier, croyez-en l'expérience d'un vieux journaliste, que le journal hebdomadaire suffit amplement à la lecture des campagnes. Le paysan n'a pas le temps de lire un quotidien et l'hebdomadaire ne ferait pas concurrence aux quotidiens parce qu'il s'adressera à une autre classe de lecteurs. Par conséquent c'est un journal hebdomadaire radical-socialiste, dans le genre de *la Croix*, avec nos opinions, cela va sans dire, que je propose d'établir pour la propagande de nos idées. *(Applaudissements.)*

(Les conclusions du rapport de la troisième commission sur la propagande sont adoptées avec l'addition de l'amendement Beauquier.)

M. Maujan. — Voici un vœu demandant l'établissement de patronages laïques.

Adopté.

M. Maujan. — L'ordre du jour appelle la discussion du rapport de la commission des affaires ecclésiastiques.

M. Dumont. — Citoyens, conformément à la tradition et à nos principes mêmes, je vous demande la permission de vous lire les conclusions coordonnées de votre commission et si, sur un point quelconque, vous désirez des explications, on vous les fournira.

Le Congrès :

Considérant 1er : Que le gouvernement, se doit, dans toute l'étendue des attributions du pouvoir exécutif, de donner aux départements, communes et collectivités de donner l'exemple des laïcisations nécessaires, émet le vœu que dans les lingeries, infirmeries, salles de malades des écoles militaires, lycées, collèges, écoles normales, prisons, établissements hospitaliers, les congréganistes soient remplacés par des laïcs et en particulier par les veuves d'officiers, sous-officiers, professeurs, instituteurs, gardiens de prisons, etc., femmes et mères de famille ayant, pour ces fonctions, tous droits et toutes qualités requises.

Considérant 2e : Que le droit de l'enfant à la liberté de conscience et aux vérités acquises à la raison moderne par la science doit être sauvegardé par l'Etat, émet le vœu que la loi Falloux abrogée, les congrégations privées du droit d'enseigner, l'autorisation d'ouvrir une école délibérée par le Conseil supérieur de l'instruction publique et accordée par le Conseil des ministres, assurent l'émancipation intellectuelle de la Démocratie, l'égalité des enfants devant la science, l'accession des plus dignes, sans distinction d'origine et de fortune, à toutes les charges de l'Etat.

Considérant 3e : Que, tout en réservant la question du droit des hommes et des femmes, attachés aux dogmes religieux, de s'associer pour prendre leur part de la lutte contre la souffrance humaine, il est nécessaire que l'Etat prenne, dans la limite de ses attributions, l'initiative de rompre les traditions d'oisiveté mondaine imposées par l'éducation des couvents et l'égoïsme de caste aux jeunes filles de la bourgeoisie française et aussi de préparer dans toutes les classes de la société et dans toutes les communes, des dévouements laïques, émet le vœu que dans les programmes des lycées et collèges de jeunes gens et de jeunes filles, dans les écoles normales d'instituteurs et d'institutrices des cours pratiques d'hygiène domestique, de médecine et de chirurgie élémentaires soient institués et donnent lieu à des notes spéciales et obligatoires dans tous les diplômes de fin d'études secondaires et primaires.

Considérant 4° : Que de par le développement de l'esprit démocratique et scientifique, la religion est devenue affaire de conscience intellectuelle, émet le vœu que les liens des Eglises avec l'Etat républicain soient rompus, le serment judiciaire laïcisé, le service des pompes funèbres communalisé, les manifestations rituelles interdites sur les rues et places publiques, le Concordat dénoncé et le budget des cultes supprimé. Il pense, en outre, que le vote de ces mesures libératrices de la conscience, doit être accompagné d'une loi sur la police des cultes.

Considérant 5° : En résumé, le Congrès Radical et Radical-Socialiste considère que la politique d'action laïque et anticléricale, formant en fait, au milieu de divergences innombrables dans l'ordre fiscal, économique et social, le lien de tous les républicains fidèles à l'esprit de la Révolution, émet le vœu que le gouvernement et le Parlement de la République s'inspirent d'un quadruple principe de volonté et d'action : les congréganistes hors des services publics, — les religions hors de l'école, — la bienfaisance publique et privée manifestant la solidarité civique et nationale, — les églises hors de l'Etat.

Pour la Commission des affaires
d'Eglise et d'Etat :

Le Rapporteur, Ch. Dumont,
Député du Jura.

M. Klotz. — Citoyens, nous sommes tous d'accord. Je crois avoir compris que notre collègue M. Dumont demandait que l'on ajournât le vote d'une loi sur la police des cultes. J'estime, au contraire, que c'est la première des lois à voter et qu'il importe que le gouvernement dépose dans le plus bref délai une loi sur la police des cultes. Vous êtes partisan de la séparation prochaine des Eglises et de l'Etat, comment pourrez-vous la faire si vous n'avez pas la loi sur la police des cultes ? Cette réserve faite, je demanderai à mon collègue Dumont de rectifier ses conclusions sur ce point.

M. Dumont. — La question posée par le citoyen Klotz l'a déjà été à la commission et elle a été posée avec précision.

La commission a estimé qu'au contraire il n'y avait aucune raison pour demander encore une loi avant que le Congrès ait émis son opinion sur le principe même de la séparation. Dans le Sud-Est il a été établi une tradition. On veut ajourner infiniment et éternellement le débat. Qu'est-ce que cela veut dire? Que l'on veut imaginer des périls. Quels périls? Lorsque l'Eglise sera séparée de l'Etat, elle sera plus puissante, dit-on, parce qu'elle sera libre. C'est une erreur, parce que l'Eglise ne sera pas assez redoutable pour régir autre chose que le droit commun. Nous ne pouvons pas envisager des périls qui doivent être imaginaires. Nous pensons que nous ne devons pas accepter la proposition Klotz. La question de la séparation doit se poser en ce moment, mais nous ne considérons pas qu'il faille attendre l'élaboration d'une autre loi pour cela. *(Applaudissements.)*

M. Michel. — Citoyens, si je vous demande la parole ce n'est pas pour combattre les conclusions du rapport. Je vous prierai seulement de vouloir bien réserver la partie de ce rapport qui a trait à l'enseignement et de la réserver pour la discussion qui aura lieu tout à l'heure et qui a déjà été l'objet, au sein de la commission spéciale que vous avez nommée pour ce sujet, d'un débat très large. Je vous prierai donc de distraire ces conclusions pour les joindre à celles qui vous seront présentées sur la police de l'enseignement.

M. Maujan. — Je mets aux voix le rapport sur les affaires ecclésiastiques.

Les conclusions sont adoptées.

M. Chauvin. — Je ne retiendrai qu'un instant votre attention pour examiner deux vœux qui me paraissent de la plus haute importance. Le premier a été déposé par les Comités radicaux-socialistes du 1er arrondissement de Lyon et en même temps par les Associations républicaines de la 1re et de la 2e circonscription du département de Seine-et-Marne.

Il tend à interdire le droit de vote aux ecclésiastiques et aux congréganistes des ordres religieux qui sont liés par des vœux d'obéissance.

Votre commission a pensé qu'il n'y avait aucune raison de distinguer entre ceux qui font partie de l'armée, qui sont liés par la discipline militaire et auxquels, pour cette raison, le législateur a interdit le droit de vote et ceux qui font partie de cette autre armée singulièrement dangereuse pour la République liés, eux aussi, par des vœux d'obéissance rattachés à des supérieurs étrangers auxquels ils doivent fidélité et entre les mains de qui ils sont comme des cadavres.

Ceux-là, estimons-nous, ne devraient pas avoir le droit de vote plus que ne l'ont ceux qui sont à l'heure actuelle sous les drapeaux *(Applaudissements)*.

Je vous demande encore de vouloir bien donner votre approbation au vœu suivant qui a été déposé par le parti républicain radical et radical-socialiste du département du Rhône et qui tend à exiger la double autorisation écrite et préalable du père et de la mère pour que l'enseignement religieux et la participation à un acte cultuel quelconque puissent être imposés à un enfant.

Nous avons pensé que cette vieille puissance paternelle qui, dans les temps romains, allait jusqu'au droit de vie et de mort, était essentiellement modifiée par les progrès de la civilisation moderne; nous avons pensé que l'enfant dans l'état actuel a des droits et que ses parents ont des devoirs, qu'il n'était pas possible dans un Etat républicain que la volonté arbitraire de l'un des parents suffise à imposer à un enfant pour le reste de son existence une marque et une certaine voie à suivre. *(Applaudissements.)*

Nous avons eu dans notre parti un exemple assez éclatant de ce que peut l'autorité d'une femme ayant reçu, depuis sa plus tendre enfance, les enseignements de l'Église, sur l'homme même le plus libéral, même le plus républicain. Et si on peut encore, aux termes d'une législation qui doit être refondue et modifiée, respecter l'autorité du père seul, si on doit exiger encore qu'il n'y ait qu'un des deux parents et non les deux à la fois qui exercent la puissance paternelle lorsqu'il s'agit de sauvegarder les droits de l'enfant, on doit dire que c'est celui qui s'oppose à la participation de l'enfant à un acte religieux quelconque qui doit avoir le bénéfice de la possession.

Ainsi nous voulons bien admettre que la volonté des deux parents soit suffisante pour imposer à un enfant une éducation selon leurs goûts, mais nous disons qu'il faut que la volonté des deux parents soit réunie, qu'elle soit préalable, qu'elle soit manifeste.

Nous vous prions, citoyens, de vouloir bien ratifier une fois de plus ce vœu qui, dans la pensée de tout le parti républicain, signifie que nous avons le désir de voir l'enfant protégé contre l'Église et la Congrégation. *(Applaudissements.)*

Votre commission a eu aussi à examiner un autre projet qui paraît avoir une importance considérable : c'est la question de la protection du travail national, la question de la protection de notre main-d'œuvre contre l'intrusion et l'invasion sans cesse croissante de la main-d'œuvre étrangère.

En ce qui me concerne, je crus de mon devoir, à la sollicitation des associations républicaines de Seine-et-Marne, de soumettre ce projet à la Chambre. Je voudrais qu'il fut dit, que vous nous donnez votre précieux concours; je voudrais qu'il fut dit que, de la même façon qu'on protège par des droits de douanes et à l'entrée les marchandises nationales contre les marchandises étrangères, de la même façon la main-d'œuvre française sera protégée également contre l'intervention de la main-d'œuvre étrangère.

Vous savez ce qui se passe dans nos départements, — non pas seulement dans nos départements frontières, mais même dans ceux qui en sont éloignés comme Seine-et-Marne par exemple, — chaque fois qu'il s'agit d'effectuer la moisson ou de procéder à l'arrachage des betteraves, ce ne sont pas des Français qu'on y emploie, ce sont des ouvriers agricoles qu'on va chercher, qu'on fait venir de tous les points de l'Etranger.

Le Président. — Nous avons un ordre du jour excessivement chargé duquel doit sortir la déclaration et le programme du parti radical et radical-socialiste. Si vous le permettez, je mettrai aux voix les deux premiers vœux qui ont été présentés par M. Chauvin.

Le président met successivement aux voix les deux vœux présentés par M. Chauvin; ils sont adoptés.

M. Vachoud, rapporteur de la 5e commission :

Je vais avoir l'honneur de rapporter devant vous certains vœux qui ont été examinés par la cinquième commission. Je serai très bref parce que l'ordre du jour est très chargé, puis ces vœux se recommandent par eux-mêmes car ils ont déjà été acceptés par la commission. Le premier vœu est celui-ci : Il est entendu que l'année prochaine nous aurons un nouveau Congrès. Eh bien, il y a eu deux propositions : les délégués de Marseille demandent qu'on désigne Marseille, ceux de Toulouse mettent en avant Toulouse. Votre commission, entre ces deux villes, a balancé et n'a pas voulu se prononcer encore, vous laissant le soin du choix.

Le Président. — Je demande que la proposition soit renvoyée à la commission du règlement.

L'Assemblée consultée, se range à cet avis.

Le Président. — Voici un vœu déposé par M. Beauquier :

Considérant que le peuple français est le plus administré de tous les peuples :

Qu'il entretient à grands frais une véritable armée de fonctionnaires qu'on pourrait sans inconvénient diminuer de moitié;

Considérant que les initiatives locales et individuelles sont étouffées par le despotisme bureaucratique de la capitale;

Considérant que cette centralisation excessive est absolument contraire au régime républicain et qu'elle constitue un danger permanent en permettant à l'audace d'un aventurier quelconque de mettre la main sur la France, en mettant la main sur Paris;

Le Congrès demande la décentralisation des services publics et une organisation nouvelle de la France au point de vue administratif, organisation simplifiée qui donnerait une plus grande extension aux assemblées communales, départementales ou régionales, et leur confierait la discussion et au moyen d'un comité exécutif, la gestion des intérêts locaux usurpés par l'administration centrale.

En un mot, le Congrès réclame l'application de cette formule : A l'Etat les intérêts nationaux, aux départements et aux régions les intérêts régionaux; aux communes, les intérêts communaux.

Le Congrès se prononce en faveur de la suppression des départements et de la division de la France en grandes régions.

Ce vœu est adopté.

M. Morlot. — Le Congrès a été saisi d'une proposition, d'un vœu tendant à la suppression des conseils de guerre. Vous connaissez tous les raisons qui ont poussé le parti républicain à demander cette suppression depuis plusieurs années, et on peut dire que les arrêts récents rendus par un conseil de guerre de l'Ouest, ont quelque peu mûri la question. Par conséquent, votre commission s'est tout bonnement bornée à résumer dans un vœu motivé les raisons qui, pour elle, expliquent et justifient la suppression des conseils de guerre. Nous vous présentons ce projet sous la forme d'un vœu motivé, dont je vous demande la permission de vous lire les considérants :

Le Congrès radical et radical-socialiste, saisi d'une proposition de suppression des conseils de guerre en temps de paix;

Considérant que l'on n'atteindrait pas le but poursuivi, en supprimant purement et simplement les conseils de guerre, tout en laissant aux juridictions criminelles ordinaires le soin d'appliquer les rigueurs, le plus souvent excessives et généralement inutiles, du code de justice militaire; que, par suite, il y a lieu d'envisager dans cette question deux points différents : la réforme de la loi de 1857, dit Code de justice militaire et l'organisme chargé d'en faire l'application, c'est-à-dire le conseil de guerre;

En ce qui concerne la réforme du code militaire,

Considérant qu'il est inutile de laisser subsister dans cette loi les dispositions visant les crimes et délits de droit commun, dont la répression est prévue par le Code pénal qui, dans cet ordre d'idées, devra être purement et simplement appliqué aux militaires comme aux autres citoyens ;

Considérant ensuite qu'il y a lieu d'atténuer la rigueur, toujours excessive en temps de paix, de la répression des faits de grave indiscipline constituant la plupart des délits militaires ;

Considérant enfin qu'il y a lieu de faire disparaître la peine purement militaire des travaux publics, dont l'exécution donne lieu à tant d'abus et de scandales, et de la remplacer par la peine correctionnelle de l'emprisonnement ;

En ce qui concerne la magistrature militaire des Conseils de guerre :

Considérant que les juges militaires, choisis suivant un tour purement arbitraire et sans aucune condition de capacité, n'offrent pas aux justiciables militaires toutes les garanties de capacité juridique indispensables à des juges obligés d'interpréter et d'appliquer la loi ;

Considérant d'autre part qu'ils conservent sur leur siège de juge la conception de la discipline militaire qu'ils ont en tant qu'officiers ; que cette conception les empêche trop souvent, par crainte, d'en faire fléchir la nécessaire rigueur, d'apprécier les faits en tenant compte des circonstances qui les expliquent, qui les motivent et qui parfois les justifient ;

Considérant enfin que les habitudes de subordination, qu'exige leur profession, gênent leur indépendance ; — que la crainte de nuire à leur carrière dans une magistrature passagère et imposée, peut influencer, même malgré eux, leur conscience ; — que cette inaptitude générale des magistrats militaires les conduit à rendre parfois des arrêts qui blessent la conscience publique autant par la subtilité puérile de la forme que par l'incohérence du fond ;

Considérant enfin que la disparition des conseils de guerre ne peut nuire en rien au maintien de la discipline, toujours largement assurée par les peines disciplinaires : — que d'autre part cette disparition n'apporte aucune entrave à la répression nécessaire des crimes et délits de droit commun commis par les citoyens sous les drapeaux : — qu'enfin cette suppression est comme un nouvel hommage rendu au principe supérieur qui condamne les magistratures d'exception ;

Est d'avis qu'il y a lieu tout à la fois de modifier la loi de 1857 dans le sens des observations qui précèdent, et de supprimer purement et simplement les conseils de guerre en temps de paix.

Le Congrès invite donc le gouvernement à présenter aux Chambres les projets de loi nécessaires à la réalisation de cette réforme.

M. Armand CHARPENTIER. — Je suis d'accord avec M. le député Morlot, mais je trouve que le texte du vœu qu'il vient de lire est insuffisant et peu clair ; il ne s'agit pas de supprimer les conseils de guerre ; cela est insuffisant, il faut faire mieux, davantage ; il faut réformer toute la justice militaire, cette justice militaire qui date du commencement de ce siècle...

Ce qu'il faut réformer, c'est le code militaire.

Les conseils de guerre ne constituent pas tout le code militaire; il y a autre chose, c'est cette autre chose que je vais vous dire : à côté des conseils de guerre, il y a la toute puissance des conseils de corps, il y a les pénitenciers, il y a Biribi! Eh bien, je suis contre Biribi! contre le silo, la crapaudine et tous les instruments de torture!

Je dis que la suppression des conseils de guerre est une mesure insuffisante; il faut effacer de notre code ces châtiments barbares qui datent du moyen âge et qui, aujourd'hui, ne peuvent plus être compris que par des cerveaux qui ne sont pas en harmonie avec nous, je veux parler d'un Drumont ou d'un Rochefort! Voilà pourquoi — et je termine là-dessus — je demande instamment au Congrès de vouloir bien préciser et indiquer : suppression absolue, totale et définitive de Biribi et des instruments de torture. (*Applaudissements.*)

M. Morlot. — Peut-être ne me suis-je pas bien fait comprendre, mais je suis d'accord avec M. Charpentier. Notre vœu demande avec la réforme de la loi de 1857, du code de justice militaire, la suppression de la peine des travaux publics dont l'exécution entraîne Biribi et par conséquent les tortures dont vous parliez. Nous sommes absolument d'accord là-dessus. Nous vous demandons d'étendre la disposition à tous les organes de la justice militaire; nous sommes donc d'accord pour approuver l'argumentation qui vient d'être donnée et qui aboutit à la conclusion même que nous proposons au Congrès d'adopter, c'est-à-dire la suppression des conseils de guerre en temps de paix et la suppression de leurs tenants et aboutissants, notamment les conseils de corps et les pénitenciers militaires.

Un Délégué. — Mais il y a les conseils de corps, et le conseil de corps a presque les mêmes droits qu'un conseil de guerre; je demande qu'on joigne les conseils de corps au vœu, c'est-à-dire toutes les juridictions qui peuvent envoyer à ce qu'on appelle les compagnies de discipline.

M. Morlot. — Je suis d'accord avec vous. Je suis l'interprète des sentiments qui se sont produits à la commission, et les sentiments que vous exprimez sont ceux qui se sont fait jour à la commission dont je suis rapporteur; par conséquent je ne puis qu'appuyer la proposition, et nous nous y rallions complètement. Au mot : « conseil de guerre » nous ajouterons le mot : « conseil de corps ».

Ce vœu, mis aux voix, est adopté.

M. Falot. — Au nom de la cinquième commission, je vais

vous donner lecture du rapport qui a été fait sur différentes propositions qui lui ont été présentées; « question des retraites pour ceux qui sont hors d'état de travailler ».

La question des retraites pour ceux qui sont hors d'état de travailler, est certainement celle qui intéresse le plus la Démocratie, et il est indispensable qu'elle soit résolue au plus tôt.

L'article 21 de la déclaration des Droits de l'homme et du citoyen affirme que « *les secours sont une dette sacrée* », que la Société doit la subsistance aux citoyens malheureux, et qu'elle doit assurer les moyens d'exister à ceux qui sont hors d'état de travailler.

Cet article 21 est le couronnement, la conclusion logique et humaine de la Révolution française ; il proclame catégoriquement *le droit à la vie*, qui est à la fois un principe de justice et une sauvegarde sociale.

Du droit à la vie, découle nécessairement le droit à la retraite en cas de vieillesse ou d'invalidité.

C'est là une promesse que la Révolution française a faite il y a 110 ans, il est temps de la réaliser, la Démocratie s'impatiente avec juste raison, il faut aboutir et aboutir immédiatement.

La Commission vous propose d'adopter le vœu suivant :

Le Congrès réclame énergiquement du Parlement, le vote immédiat, de la création de retraites, permettant de subvenir aux besoins de la vie, pour tous les citoyens et citoyennes se trouvant hors d'état de travailler, et n'ayant pas les ressources nécessaires, pour assurer leur existence.

Ce vœu mis aux voix est adopté.

M. Falot. — Voici un rapport sur la politique générale de la ville de Marseille, mais qui intéresse tout le parti radical et radical-socialiste.

Rapport sur l'affaire de Marseille.

Les délégués de Marseille ont consulté le Congrès sur la situation politique de leur ville, demandant eux-mêmes que la question ne fût tranchée qu'en termes généraux, en dehors de toute question personnelle.

Il ne peut y avoir de doute sur la réponse.

L'orientation du parti radical et radical-socialiste ne peut être autre à Marseille que dans le reste du pays. Cette orientation, les discours d'hier et d'aujourd'hui l'ont précisée : *C'est l'union à gauche.*

D'autre part, l'œuvre intangible de laïcisation poursuivie résolument et parallèlement à l'action anticléricale, est la pierre de touche de ceux qui se réclament du parti.

Enfin, il est évident, qu'aucun candidat du parti, ne peut ni recevoir de l'argent de l'action libérale, ni réclamer, provoquer ou même accepter le concours des *Croix* et autres organes cléricaux et réactionnaires.

En conséquence, tous ceux, qui, à Marseille ou ailleurs, à la faveur de formules équivoques, ont contrevenu à ces principes, doivent être considérés comme n'appartenant pas au parti radical et radical-socialiste.

Les déclarations de la commission, mises aux voix par le Président, sont adoptées.

La parole est à M. Buisson.

La Loi sur l'Enseignement.

M. Buisson, député, fait un remarquable exposé de la situation de l'enseignement en France. Les arguments qu'il développe, aux applaudissements de l'assistance, sont d'ailleurs résumés dans les considérants de la proposition suivante que M. Buisson soumet à l'approbation du congrès :

Le Congrès,

Considérant que, dans la démocratie, le droit d'instruire les enfants ne peut être considéré ni comme un droit naturel illimité ni comme un pouvoir discrétionnaire des parents, ni comme une industrie exempte de contrôle.

Affirmant qu'il appartient à l'Etat, défendeur de la personne humaine quand elle ne peut se défendre elle-même et agissant dans l'intérêt social du présent et de l'avenir, de prendre à l'égard de l'éducation de la jeunesse deux ordres de mesures ;

D'abord de faire de l'enseignement un service public offrant à tous gratuitement et également une instruction dont l'ampleur dépendra de la capacité des enfants et non plus de la fortune des parents ;

Ensuite de veiller à ce que ni les parents ni les maîtres ne puissent user de leur autorité au détriment des enfants, c'est-à-dire de la société ;

Considérant que, pour les enfants instruits dans la famille, l'Etat a épuisé son pouvoir d'intervention quand il a prescrit par la loi un minimum d'instruction obligatoire, mais qu'il a une action beaucoup plus étendue à exercer soit sur les personnes, soit sur les établissements qui entreprennent la distribution collective de l'enseignement à des enfants réunis sous leur direction ;

Qu'en effet, l'Etat a le droit et le devoir : 1° D'imposer à ces personnes les garanties de moralité et de capacité sans lesquelles les enfants ne sauraient leur être confiés, même avec le consentement des parents ; 2° d'imposer à ces établissements les conditions d'existence et de fonctionnement que la loi édictera comme nécessaires pour assurer le respect du droit de l'enfant ;

Considérant qu'en d'autres temps et à un autre degré de civilisation la société laïque, incapable d'assurer elle-même l'enseignement, a pu s'en décharger sur l'Eglise et celle-ci sur les congrégations religieuses, investies à cet effet de pouvoirs et de privilèges correspondant aux services qu'elles devaient rendre, mais qu'aujourd'hui l'Etat républicain ne saurait perpétuer cette organisation sans faillir à sa fonction et sans accepter définitivement cette abdication partielle de la souveraineté nationale que la loi de 1850 lui avait arrachée sous le nom fallacieux de liberté de l'enseignement, qu'il importe de ramener ces mots « liberté de l'enseignement » à leur seul sens légitime, à savoir la liberté pour des adultes d'exercer sur des mineurs une autorité qu'ils tiennent de la double délégation de l'autorité de la famille et de l'Etat, délégation qui ne peut se faire qu'à des conditions déterminées par la loi ;

Qu'ainsi entendue, cette liberté expressément individuelle, conforme aux institutions républicaines du pays et favorable aux progrès de l'esprit public, doit être maintenue à tout citoyen, à charge par lui de répondre de l'abus qu'il en peut faire,

Le Congrès émet le vœu :

1° Que la loi Falloux soit abrogée ;

2° Que le Parlement refuse de conférer la reconnaissance légale, l'autorisation de tenir école à toute association ou corporation non laïque ; ne l'accorde aux établissements laïques qu'avec l'obligation pour eux, tout en gardant leur liberté de méthode, d'être toujours ouverts à l'inspection des représentants de l'Etat ;

3° Que nul citoyen français, remplissant les conditions requises par les lois scolaires soit pour enseigner, soit pour diriger un établissement, ne soit exclu de l'exercice de ce droit pour motif d'opinions, mais qu'il en soit déclaré déchu dans le cas de fraude d'interposition de personne ou de reconstitution clandestine d'un établissement non autorisé. *Que sur ces bases, le gouvernement élabore dans le sens le plus démocratique et soumette sans délai aux Chambres un plan de réorganisation de notre enseignement national à tous les degrés. (Applaudissements enthousiastes.)*

LE PRÉSIDENT. — Je mets aux voix la déclaration si sincère, si ferme, si haute et si étudiée que vous venez d'entendre.

PLUSIEURS VOIX. — Par acclamations ! Par acclamations !

Adopté.

M. LAGASSE. — Je demande un tirage spécial, et des considérants et de ce vœu, que ce tirage soit distrait de l'ensemble de nos travaux du Congrès afin d'être plus facilement distribué, et qu'il puisse être remis à tous. *(Applaudissements.)*

LE PRÉSIDENT. — La commission examinera et donnera une solution.

M. BUISSON. — Je me permets de vous lire deux autres vœux du délégué du *Réveil de l'Orient* à Saïgon, il sont ainsi conçus :

Le Congrès :

1er *Vœu.* — Considérant qu'il importe que les lois de la métropole, en ce qui touche au moins les principes fondamentaux de la société moderne, soient le plus vite et le plus complètement possible appliquées à toutes nos colonies et d'abord à la population européenne de ces colonies.

Emet le vœu : Que les lois relatives à l'instruction gratuite, obligatoire et laïque soient rendues applicables aux colonies dans les plus brefs délais et que le parlement se préoccupe d'y faire cesser le régime des décrets qui tend à perpétuer la puissance des congrégations et à faire de certaines administrations coloniales de véritables fiefs cléricaux.

2e *Vœu.* — Informé de l'introduction récente, dans certaines écoles militaires, de pratiques confessionnelles imposées aux élèves :

Transmet cette plainte au gouvernement et lui demande de mettre ordre par telles mesures que de droit à tous les agissements contraires au respect de la liberté de conscience dans les établissements de l'Etat.

Sur ce vœu, la commission a été obligée de s'en rapporter au témoignage du délégué ; nous n'avons pas de renseignements autres et il ne nous a pas paru possible d'instituer une enquête dont les éléments nous manquaient ; mais sur le principe nous sommes d'accord.

Ces vœux, mis au voix, sont adoptés.

Enfin, sur la proposition Lépine, la commission a adopté sans entrer non plus dans des détails techniques qui ont pu échapper à notre compétence, elle a accepté un vœu d'ordre général dont elle voulait tout de suite vous saisir.

Adopté.

M. Sigismond-Lacroix. — Le bureau a été saisi d'un projet de vœu qu'il n'a pas eu le temps d'examiner, mais qu'il ne me semble pas utile de renvoyer à la commission, parce qu'ils ne paraît pas devoir soulever de discussion :

Considérant que le Conseil municipal de la ville de Paris est aujourd'hui en majorité nationaliste;

Que cette situation est due, entre autres causes, au système déplorable d'après lequel se font les élections parisiennes;

Le Congrès émet le vœu :

Que le gouvernement soumette aux Chambres, le plus tôt possible, un projet de loi réglant définitivement le mode d'élection du Conseil municipal de Paris, et prescrivant l'élection au scrutin de liste par grandes sections nommant chacune un nombre de conseillers proportionnel au chiffre de la population.

Adopté.

M. Michel lit un vœu sur les sociétés anonymes :

Considérant que l'évolution économique qui se poursuit depuis un demi-siècle dans notre pays a eu pour effet :

1° De constituer, au profit de l'infime minorité de la population, une accumulation de fortune colossale, uniquement prélevée sur le produit du travail ;

2° De créer de puissantes sociétés financières, industrielles et commerciales, tendant à se développer de plus en plus, qui détruisant les principales branches de l'activité et de l'intelligence humaines, les monopolisant le plus souvent, supprimant les intermédiaires, mettant ainsi, chaque jour davantage, les classes laborieuses sous la dépendance absolue du capital ;

3° De supprimer de plus en plus, par l'emploi de la machine, les professions anciennes qui répartissaient si équitablement autrefois le travail sur tous les points et dans lesquelles chaque ouvrier entrevoyait la possibilité de devenir patron ;

4° De modifier les conditions d'existence de chacun sous le triple rapport du travail, de la consommation et des besoins qui se sont créés ;

5° De déconcerter de plus en plus la prévoyance de l'épargne par l'abaissement progressif du taux, du loyer de l'argent.

Considérant qu'il importe de remédier aux conséquences fâcheuses qui résultent des phénomènes économiques que nous venons de signaler, le Congrès radical et radical-socialiste réuni à Lyon les 9, 10, 11 et 12 octobre 1902, émet les *vœux suivants.*

Vœux :

1° Qu'il soit apporté une modification à la loi du 24 juillet 1867 sur les sociétés anonymes, tendant à fixer une répartition équitable des bénéfices nets entre le capital-argent et le capital-travail qui le met en œuvre ;

2° Que l'impôt proportionnel et progressif sur les revenus au-dessus du minimum nécessaire à l'existence, devienne la base de toutes les charges fiscales du pays ;

3° Qu'il soit prélevé sur cet impôt la somme nécessaire pour assurer un minimum d'existence à toute personne âgée de 60 ans et plus n'ayant aucun revenu appréciable ;

4° Qu'il soit créé un ministère d'assurance et de prévoyance sociales qui aurait pour but :

A. — De centraliser, diriger et gérer toutes les institutions de prévoyance et d'assistance ayant un caractère général.

B. — De créer une mutuelle nationale ayant comme objectif de couvrir et de garantir tous les risques de hasard : incendie, accidents, chômage, vie.

C. — De multiplier, avec le concours du département et de la commune, les asiles laïques de vieillards, d'orphelins et d'enfants assistés.

On le voit, chacune des mesures, que nous vous proposons répond à un des objectifs du problème à résoudre :

Répartir plus équitablement dans la masse la richesse acquise et faire contribuer aussi plus équitablement cette dernière aux charges toujours croissantes du budget.

Substituer la prévoyance sociale à la prévoyance individuelle puisque cette dernière ne peut plus par ses seuls efforts tenir ses promesses.

En un mot, semer l'abondance; assurer la vieillesse et les risques du hasard inhérents à la vie humaine ; ramener le calme dans les esprits troublés par l'incertitude du lendemain ; supprimer de plus en plus la lutte des classes en provoquant et stimulant le sentiment de solidarité sociale.

Telle est l'œuvre qui s'accomplira si les désirs que vous allez exprimer se réalisent et tombent dans le domaine de l'application.

LE PRÉSIDENT. — Nous renvoyons ce vœu, qui est tout un programme, à la commission, nous sommes d'accord sur le principe.

La parole est au citoyen Bouffandeau, rapporteur de la commission des finances.

Il reste ensuite à l'ordre du jour le rapport de la commission du règlement.

M. BOUFFANDEAU. — Citoyens, à votre quatrième commission était réservée la tâche un peu ingrate mais nécessaire d'étudier les éléments financiers de notre organisation, de rechercher les voies et moyens propres à assurer la vie régulière de la Fédération entre les intersessions du Congrès.

Tout d'abord, elle s'est demandé sur quelles ressources permanentes le Parti pourrait compter pour établir un budget fédéral sans surcharger les groupements locaux ou départementaux dont nous connaissons tous les besoins et auxquels il faut laisser, avec leur autonomie morale, la libre disposition de leurs ressources propres. Aussi, après avoir examiné les diverses propositions qui lui ont été soumises, visant l'établissement d'impôt, de droit, d'inscription au Parti, de cotisation à taux unique ou variable, autres que celles prévues pour ce Congrès, s'est arrêtée à un projet très simple dans sa conception comme dans son application. Les résultats seront suffisants si chaque groupe adhérent comprend la solidarité qui unit les éléments fédérés et fait l'effort ou le sacrifice que nous lui demandons. La Commission vous propose la création d'une *carte individuelle* qui serait annuellement délivrée à tous les membres de la Fédération par la seule entremise des comités et groupes auxquels le secrétariat général la ferait parvenir contre réception du mandat de paiement. Cette carte serait délivrée aux Comités au prix de cinquante centimes. En admettant seulement que sur la masse des militants inscrits au Parti, trente mille reçoivent la carte par les soins du Comité, nous atteindrons notre but. D'après le relevé de la correspondance, nous avons l'espoir que ce chiffre n'a rien d'excessif.

S'il n'y a pas de cotisation annuelle, la commission a pensé que le *statu quo* devait être maintenu en ce qui concerne les droits d'adhésion au Congrès; le règlement établi détermine la contribution de toutes les personnalités collectives ou individuelles représentées à l'assemblée générale.

Enfin, après discussion approfondie, votre commission a été d'avis d'effectuer l'essai d'un *Timbre de propagande du Parti* dont le produit serait porté au budget seulement pour une somme relativement faible afin qu'il n'y ait pas de déception.

C'est dans ces conditions, citoyens, que nous vous soumettons le premier projet de budget du Parti. Ce sera là un précédent. Chaque année, le comité exécutif devra présenter à l'assemblée un projet préparé à l'aide d'éléments plus certains que ceux que nous avons eus cette année, et la commission des finances pourra statuer sur des prévisions de recettes ou de dépenses moins flottantes que celles que nous avons prises comme base de nos calculs.

BUDGET 1902-1903

Recettes

1° Délivrance de 30.000 cartes du Parti à 0,50 l'une..	15.000 »
2° Cotisations pour adhésion au Congrès annuel.....	6.000 »
3° Essai d'un timbre de propagande du Parti........	1.000 »
4° Souscriptions et dons acceptés par le Comité exécutif....................................	(mémoire)
TOTAL...............	22.000 »

Dépenses

1° Loyer et impôts du local........................	1.500 »
2° Appointements des employés......................	3.000 »
3° Emoluments d'un secrétaire permanent appointé ...	3.600 »
4° Frais de bureau et de correspondance............	3.000 »
5° Dépenses du Congrès.............................	6.000 »
6° Frais de propagande.............................	2.900 »
TOTAL...............	20.000 »

D'où, en balance, une prévision de 2.000 francs d'excédent pour notre premier budget.

Citoyens, ce qui vous frappe, j'en suis sûr, c'est le faible crédit accordé à la propagande, cet article du budget qui devra chaque année grossir, au fur et à mesure que les ressources s'accroîtront. En attendant, votre Comité exécutif, malgré la modicité des crédits, se tiendra à la disposition des groupes qui lui demanderont des conférenciers; mais les groupes devront couvrir les frais de déplacement des conférenciers n'appartenant pas au Parlement.

Ce qui nous reste à dire, c'est que la question des ressources est intimement liée à celle de l'organisation du Parti. Faites une organisation forte, veillez à la constitution de vos Conseils, éveillez chez tous une foi ardente, évitons ce qui peut faire naître la défiance, et nous aurons assuré cette vie fédérale, large et féconde, à laquelle nous aspirons tous.

Le Président : L. GIROD,
Député de Seine-et-Marne.

Le Secrétaire : BOUFFANDEAU,
Membre du Comité exécutif.

M. May. — Un mot, à propos du rapport de la commission des finances du budget. Le rapport que vous venez d'entendre est présenté au nom de la commission des finances tout entière; mais dans cette commission des finances, il y avait des membres du Comité exécutif. Une deuxième commission s'est formée dans laquelle il n'y a eu que des délégués au Congrès, pris en dehors de la commission exécutive qui ont fonctionné seuls, et cette seconde commission m'a chargé de faire un rapport très bref dont je vais vous donner lecture :

« La sous-commission d'apurement, après avoir entendu le compte rendu financier du citoyen Gustave Lefèvre, membre du Comité exécutif, trésorier du parti, après avoir examiné tous les livres de la comptabilité et reçu des explications précises sur tous les points qui ont provoqué des questions. prie le Congrès d'approuver l'apurement de son compte de gestion du 1er juillet 1901 au 30 septembre 1902 inclus. Elle prie le Congrès de se joindre à elle pour remercier vivement le citoyen Gustave Lefebvre, du dévouement qu'il apporte à la gestion des finances du parti. »

La commission pense, qu'aujourd'hui qu'un budget régulier du parti va être établi, aucune dépense ne pourra être engagée en dehors des crédits ouverts au budget sans une délibération du comité exécutif.

Toutes les dépenses seront ordonnancées. Chaque année, le compte de gestion sera présenté à la commission des finances dn parti.

Approuvé.

M. Maujan. — La parole est au rapporteur de la commission des règlements et statuts.

M. Phillippe, rapporteur :

J'ai l'honneur, d'accord avec notre excellent collègue et ami Hubbard de vous présenter au nom de la 2e commission — après des discussions très étendues — le projet définitif du statut qu'elle a élaboré.

Il est bref, mais suffisamment explicite.

Votre 2e commission a également pris en considération un projet de règlement général précisant toutes les conditions de l'existence quotidienne du Parti. Ce projet qui n'est pas encore définitif serait, si vous le voulez bien, imprimé et envoyé à tous les comités, groupes, élus et journaux du Parti. Il fera l'objet de vos appréciations et vous pourrez ainsi, les uns et les autres, au prochain Congrès, avec les mandats de vos comités et groupes, apporter vos observations spéciales à chacun des articles du règlement.

Voici dans ces conditions les articles du statut du Parti.

Je vous demande de les lire tout d'abord et de soumettre ensuite à vos votes chacun d'eux en particulier :

Statuts du Parti

Article premier. — Il est formé entre les Comités, Ligues, Unions, Fédérations, Sociétés de Propagande, Groupes de Libre-Pensée et Loges, Journaux, Elus et Anciens Elus du pays acceptant la déclaration adoptée par le Congrès de Paris, le 23 juin 1901, une association dénommée : *Parti républicain radical et radical-socialiste..*

Art. 2. — Le Parti sera administré par une commission exécutive élue par le Congrès annuel dans les conditions suivantes : Les délégués de chaque département désigneront leurs représentants à la commission exécutive à raison d'un membre par 300.000 habitants et fraction au-dessus de 300.000, ainsi qu'un nombre égal de suppléants.

Le Congrès désignera d'office les délégués pour les départements qui n'auraient pas de représentation au Congrès parmi les militants de ces délégués :

Les délégués pourront donner mandat écrit à un de leur collègues du département exclusivement pour délibérer et voter en leurs noms dans la commission.

Art. 3. — Sur l'initiative de la commission exécutive il sera convoqué, dans le courant de l'année, des assemblées régionales ou départementales dans les conditions qui seront fixées par la commission exécutive d'accord avec les comités, groupes, etc., des départements.

Art. 4. — Sans préjudice du droit de délégation directe de chaque comité, groupe, etc., du Congrès annuel, les assemblées régionales ou départementales devront être représentées au Congrès annuel par des délégués régionaux ou départementaux à raison de un par 200.000 habitants.

Le Congrès se réunira chaque année dans la ville indiquée par la délibération du Congrès précédent. Le siège du Parti est à Paris.

Art. 5. — La commission exécutive nommera son bureau. Elle organisera le secrétariat permanent du Parti choisi en dehors de la commission exécutive. Elle préparera pour les communiquer aux assemblées régionales ou départementales, aux comités, groupes, etc., les projets de règlement nécessaires et toutes les communications utiles au développement du Parti. Elle prendra toutes les mesures utiles en vue de la propagande et des luttes électorales.

Les longues explications qui ont été fournies par Hubbard et moi dans les différentes réunions si nombreuses de votre commission me dispensent d'en fournir ici de nouvelles.

Je me réserve simplement, ainsi que Hubbard, d'apporter au cours de la discussion, si elle s'établit, l'opinion précise de votre 2e commission.

Ch. Philippe.

M. Debierre. — Je vous remercie de m'accorder la parole ; je vous promets de ne pas la garder longtemps, mais j'ai une observation fort importante pour le Parti tout entier à présenter. J'espère bien que vous m'écouterez.

Il est entendu, citoyens, que vous aurez tout à l'heure à nommer un délégué titulaire au comité exécutif à raison de 300.000 habitants par département et, de plus, à nommer un délégué suppléant. Eh bien, citoyens, je vous fais cette observation, c'est que quand ce comité sera désigné par vous, ce comité se réunira à Paris tous les quinze jours ou tous les mois, je n'en sais rien, mais il se réunira à Paris. Or, il va être constitué par les organisations départementales et parisiennes. Si nos amis de Paris peuvent assister facilement aux séances du comité, et c'est leur devoir d'y assister, et ils le peuvent facilement puisqu'ils demeurent dans la capitale, n'oubliez pas que les délégués de province, qui auront 500 ou 800 kilomètres à faire pour se rendre au siège du Comité exécutif, ne pourront probablement pas y assister aussi souvent que les délégués parisiens. *(Applaudissements.)*

Je n'ai aucune espèce de suspiscion, vous l'entendez bien, contre nos amis de Paris que j'aime autant que nos amis de province ; mais si je serais désolé de voir Paris sacrifié à la province, je serais non moins désolé de voir la province sacrifiée à Paris. Dans ces conditions, citoyens, je vous demande qu'il soit bien entendu, sans que cela soit fixé dans les articles... *(Plusieurs voix :* C'est accepté !)

M. le Président. — C'est une observation très juste que nous présente le citoyen Debierre ; elle est d'ailleurs acceptée par la commission.

Plusieurs Délégués. — Aux voix ! aux voix !

M. Debierre. — Je demande qu'il soit bien entendu et que le Congrès manifeste son opinion d'une façon très nette sur cette décision que le délégué, quel qu'il soit, au comité exécutif recevra, s'il n'y en a qu'un qui apparaît de temps en temps de la province, des délégués du même département et par délégation et par procuration le droit de prendre part aux délibérations, aux résolutions et aux votes. Il ne faut pas, que lorsqu'un département, quel qu'il soit aura cinq ou six délégués, il ne faut pas sous prétexte qu'il n'y en aura qu'un seul de présent, que ce département n'ait plus qu'une voix à jeter dans l'urne. Ce que je dis est fort important pour l'avenir du Parti et c'est pour cela que j'ai tenu à le dire devant le Congrès. *(Applaudissements.)*

M. Phillippe. — Mon cher collègue, ce que vous demandez ce soir a été adopté ce matin ; et par conséquent la commission, acceptant le texte, je demande à rédiger cette motion et à la joindre à l'article 2.

M. Bepmale. — C'est dans un autre ordre d'idées que j'entends me placer. L'article premier du projet de règlement que vous avez entendu tout à l'heure comporte pour ceux qui sont nantis d'un mandat électif, ou pour ceux qui l'ont été, un droit exclusif de faire partie du Congrès à titre individuel; cette facilité de faire partie du Congrès, à titre individuel est réservée aux élus ou aux anciens élus. Eh bien, il me semble qu'il y a là quelque chose d'absolument anormal. Je ne sais pas si vous comprenez le rôle du Congrès comme je le comprends moi-même ; mais il me semble que lorsqu'on se réunit dans une ville, les isolés qui vont venir de tous les points de la France resteront d'accord avec moi sur ce point, ce n'est pas uniquement, exclusivement pour leur faire émettre des vœux : ce ne serait pas la peine de se déplacer, nous avons autre chose à faire ; je sais bien que vous aurez, à la fin, une déclaration à voter qui ne sera pas autre chose que le résumé des vœux que vous aurez votés ; vous allez la voter. cela n'est pas douteux ; mais j'estime pour ma part que le Congrès a une besogne plus haute à accomplir ; il a un droit de surveillance et de contrôle sur les élus qui appartiennent au Parti. Je me demande, dans ces conditions, comment il peut remplir ce rôle si les élus sont admis de droit et par le seul motif qu'ils sont élus. Je me demande pourquoi vous faites une situation privilégiée à ceux qui ont réussi dans les élections. Certainement ils sont méritants, ils ont lutté, mais il y a dans la même circonscription que la leur, à côté d'eux, des hommes, de nos amis qui ont échoué bien qu'ils aient lutté vaillamment et qui ont des droits égaux à la reconnaissance du parti républicain. Je vous demande donc de supprimer du règlement cette phrase qui fait aux élus ou anciens élus une situation privilégiée. Si les élus veulent venir prendre part à nos travaux, ils n'ont qu'une chose à faire, ce ne sera pas difficile, ils n'ont qu'à trouver dans leur circonscription un comité quelconque qui les déléguera.

Citoyens, remarquez que je parle ainsi parce que je suis un élu et j'ai doublement le droit de parler, puisque je vous demande la diminution de mes propres droits. Je continue et je dis : prenez garde, supprimez dans cette formule les élus et anciens élus. Qu'est-ce que c'est dans votre formule ? Est-ce que ce sont les anciens conseillers municipaux ? Alors, nous allons vous amener ici ou ailleurs, à titre individuel, les élus de la France tout entière et les délégués qui se seront déplacés seront noyés dans le vote des conseillers municipaux !

M. Bepmale. — Je ne parle pas de ceux de Paris, de tous; vous voulez faire une situation priviligiée : eh bien, prenez garde, un jour les élus seront les maîtres !

Le Président. — Je vous demande la permission de dire deux mots : mon ami Bepmale oublie que le Congrès est composé non seulement d'élus, non seulement d'anciens élus mais aussi de futurs élus, et que d'ailleurs je ne crois pas que le parti radical et radical-socialiste voudrait constituer une catégorie de non éligibles, sous prétexte que, n'étant pas désignés par un comité, ils ont été simplement désignés par le suffrage universel. *(Applaudissements.)*

M. Lépine. — Si cette proposition était adoptée, de deux choses l'une : ou bien les élus seraient envoyés ici par le comité électoral et prendraient place dans notre organisation, ou bien — deuxième hypothèse — ils ne viendraient pas et seraient exclus du Congrès. Dans un temps que je désire prochain, qu'on ne peut pas considérer comme prochain, où les organisations et les fédérations régionales auront une éducation politique assez ferme, poussée assez loin pour pouvoir faire elles-même une politique, nous pourrons supprimer cet avantage pour les élus; mais actuellement, si on accepte ce qu'on vous demande par je ne sais quelle aberration, c'est supprimer votre cadre alors que rien n'est organisé.

Le Président. — Je vais mettre aux voix l'article premier du règlement.

Le citoyen Bepmale, au milieu du bruit, demande la parole.

Le Président. — Le citoyen Bepmale a la parole. Nous ne voulons pas qu'on puisse dire que dans ce Congrès radical et radical-socialiste, toutes les opinions n'ont pas pu s'exprimer librement.

M. Bepmale. — On m'a prêté tout à l'heure des sentiments

qui n'étaient pas les miens. Je ne veux pas amoindrir les élus, loin de là, mais je veux qu'ils ne se soustraient pas eux-mêmes au contrôle des électeurs.

M. Maujan. — On n'a pas dit cela!

M. Bepmale. — Je veux, citoyens, que le jour où il vous conviendra à vous délégués des groupements républicains, à l'heure où il conviendra ici de mettre en accusation un élu, vous puissiez le faire!

Un Délégué. — Parfaitement!

M. Bepmale. — ...sans qu'à côté de lui il y ait un groupe de gens qui se dresseront contre vous par le seul fait qu'ils seront des élus. Je vous le dis : vous faites aux élus une situation privilégiée. (*Cris :* non, non!). — Alors, si vous ne leur faites pas une situation privilégiée par ce seul fait qu'ils sont députés, j'ai le droit...

Un Délégué. — Mais vous, vous êtes élu du parti radical!

M. Bepmale. — Permettez, citoyens, je suis élu du Parti, c'est entendu; supposez que je sois élu par 10.000 voix et à côté de moi il y a un candidat qui est battu avec 9.000 voix; moi j'aurais le droit de venir et lui ne l'aura pas! et vous trouvez ça juste? Vous trouvez que, par ce seul fait que j'aurai réussi, je dois être traité différemment que lui?

Le Président donne lecture de l'article premier.

M. Bepmale. — Je demande la suppression des mots : « élus et anciens élus ».

Le Président. — Je mets aux voix la première partie. La division est de droit.

La première partie de l'article premier est adoptée.

Le Président. — « Elus et anciens élus ». Ceux qui sont d'avis qu'ils ne soient pas mis en dehors... (adopté).

L'ensemble de l'article premier est adopté.

M. Hubbard. — Il faut qu'il n'y ait aucune confusion dans l'esprit de personne; les articles ont été discutés dans une assemblée, dans une réunion préparatoire; la question est bien simple. Que dit l'article premier?

Un Délégué. — N'en parlons plus, il est acquis, c'est voté!

M. Hubbard. — Il ne faut pas qu'il y ait d'erreur sur cet article premier qui aurait pu, il me semble, être facilement compris par tous. Cet article ne constitue aucune espèce de privilège. Quand j'entendais parler de privilège, je m'étonnais. Il dit quoi? Il dit qu'il est formé une association entre ceux qui constituent des collectivités, des groupes, et entre ceux qui, investis d'un mandat, qui sont des militants connus, jetés dans la bataille, acceptent des charges : ce n'est pas un privilège d'avantages, c'est un privilège de charges! Voilà ce qui a été voté. J'ajoute que le sentiment de l'Assemblée, incontestablement, après la discussion des cinq articles, est que nous avons eu assez de peine pour nous former enfin, et c'est un spectacle assez réconfortant; plus tard, nous rapporterons, nous corrigerons; mais la première chose à faire est de grandir, d'être fort! *(Applaudissements.)*

Le Président donne lecture de l'article 2 : Après les mots 300.000, j'ai un amendement demandant que le chiffre des membres du Comité exécutif soit établi sur la base d'un délégué par 200.000 habitants. Je mets aux voix d'abord le projet...

M. Lagasse. — Je prends la parole au nom des auteurs de l'amendement. Au nom d'un grand nombre de délégués des départements du sud-ouest, je viens vous demander d'augmenter leur représentation au Comité exécutif et de descendre de 300.000 à 200.000 l'unité de représentation. Vous allez comprendre pourquoi. Les départements très populeux, la Seine, le nord, le Rhône et d'autres compteront un nombre de délégués très important; mais par contre, dans la seule région du sud-ouest, nous avons quatorze départements qui n'auront qu'un délégué. Il n'y a, pour nous empêcher d'avoir un délégué de plus, qu'un argument auquel je vais répondre : où mettra-t-on ces délégués; on vous le disait; malheureusement, les habitants des régions éloignées, du sud-ouest par exemple, ne peuvent pas assister autrement que par correspondance assidue aux réunions du comité exécutif; mais ces délégués au Comité exécutif tiennent de votre Assemblée et de leurs titres de pouvoir isolément exercer dans leurs localités, d'exercer dans la région qu'ils habitent, et ce sont des pouvoirs qui peuvent être localement exercés et qui donnent à notre parti un élan et une force nouvelle. Voilà pourquoi nous demandons combien ils seront à toutes les réunions du Comité exécutif : ils n'ont jamais été plus de quatorze!...

Je demande donc qu'on délègue au Comité exécutif un membre par deux cent mille habitants; je demande un membre de plus pour les quatorze départements du sud-ouest.

M. Hubbard. — Ne nous laissons pas entraîner par des emballements, ce n'est pas une affaire de sensibilité c'est une affaire de pratique. Ce qu'il s'agit ici de constituer, et cela a de l'importance, c'est non plus une assemblée délibérante, non plus un congrès, non plus une convention, ce n'est pas une assemblée de consultation, mais c'est la commission exécutive, et elle est obligée d'être nommée parce que nous voulons que chaque département puisse faire entendre sa voix : alors on n'a voulu laisser aucun département de côté, on n'a pas fait de sélections et, en comptant un représentant par département, cela fait, au minimum 89 ; on a dit que les départements très peuplés ne pourront pas se contenter d'une seule voix. Examinons les faits ; avec le chiffre qu'on avait pris pour unité dans notre formation des représentants, avec le total actuel, on a déjà dépassé la centaine ; à 300.000 nous arrivons à une commission composée de 150 ou 175 membres ; et alors, si on prenait le chiffre de 200.000, vous voyez qu'on dépasserait 300. Dans ces conditions, je demande à tout homme politique, à tout homme de bon sens pratique qui veut faire la bataille sérieusement, qui sent le besoin de se concerter pour faire quelque chose, si on peut se concerter facilement à 300, en formant ce qu'on appelle une commission exécutive : ce n'est pas raisonnable, ce n'est pas sérieux : une commission exécutive composée de 160 ou 180 membres, c'est déjà énorme.

Un Délégué. — Je n'ai qu'un mot à dire et je vous prie de m'écouter. J'ai eu l'occasion d'assister aux premières délibérations de la commission exécutive ; les délégués étaient très peu nombreux et je soumets à votre examen la situation suivante : les délégués que vous nommerez pour les départements ne seront pas des Parisiens, comme nous qui habitons Paris et qui pouvons nous rendre facilement aux réunions ; ils seront obligés de voyager ; si vous choisissez un délégué qui aura par exemple une famille nombreuse, qui aura ses affaires, qui sera attaché à son pays, il ne pourra pas se déranger pour assister aux délibérations du Comité ; tandis que si, au contraire vous avez deux délégués, il est possible que l'un des deux puisse se rendre aux délibérations du Comité. En somme la question se pose ainsi : voulez-vous noyer la province dans Paris ?

Le Président met aux voix l'amendement tendant à accorder un délégué par 200.000 habitants. Cet amendement est repoussé.

Le Président met aux voix l'article 2 tel qu'il a été rédigé. Il est adopté. Il est fait de même pour les articles 3, 4 et 5, puis l'ensemble du règlement est adopté à l'unanimité.

Le Président. — Je consulte l'assemblée pour savoir si elle veut que le projet de règlement soit imprimé et distribué.

Cris nombreux : Oui, oui !

Le Président. — Vous avez voté tout à l'heure que différents discours prononcés ici, plusieurs déclarations qui ont obtenu votre approbation seraient imprimés et distribués ; on joindra à ces impressions le projet de règlement que vous venez de voter.

Le Président. — Il nous est matériellement impossible de nommer la commission exécutive ce soir, puisque nous devons quitter la salle à six heures et ce n'est pas en un quart d'heure que nous pouvons y procéder. Je vous demande — cela vaudra mieux — vous aurez le temps de vous consulter par départements pour désigner la délégation devant faire partie de la commission exécutive — de tenir une séance demain matin ; elle serait fixée à neuf heures. Par conséquent, voici l'ordre du jour de la séance de demain : Nomination de la commission exécutive et lecture de la déclaration-programme du parti radical et radical-socialiste. Etes-vous de cet avis ?

Cris : Oui, oui !

Le Président. — La séance est levée. *Vive la République !*

SÉANCE DU 12 OCTOBRE 1902

La séance est ouverte à neuf heures du matin.

M. Maujan. — Citoyens, nous allons procéder à la nomination du bureau. On vous propose le nom de notre ami Buisson. *(Acclamations !)* Je ne demande pas l'avis contraire.

(Non ! non ! il n'y en a pas ! *Applaudissements répétés.)*

Je cède le fauteuil de la présidence au citoyen Buisson.

M. Buisson. — Citoyens, nous allons procéder à la nomination des vice-présidents. On vous propose les citoyens Klotz (Somme) ; Debaune (Cher) ; Richard (Chalon-sur-Saône) ; Ricard, (Côte-d'Or).

Adopté.

On vous propose comme secrétaires, en vous prévenant que le travail du secrétariat sera aujourd'hui exceptionnellement délicat et laborieux, les citoyens MM. Lemagnant (Cherbourg), Hector Depasse, Bellanger (Paris), Armand Charpentier (Bois-Colombes) Strauss (Seine), Louis Robin (Villefranche), Bonnet (Paris) et Gaidon (Lyon).

Adopté.

M. Buisson. — Citoyens, avant d'accepter l'honneur de vous présider, je vous demande la permission de remplir, en votre nom à tous, un devoir. Il y a un citoyen des plus modestes, des plus laborieux, qui nous a rendu ici même et pendant l'année des services inoubliables ; nous voudrions et nous devrions l'appeler à la présidence d'une des séances du Congrès. Puisque celle-ci est la dernière, je vous propose de l'associer à la présidence. J'ai nommé le citoyen Desmons... (Oui ! oui ! *Salve d'applaudissements.)* et je le prie de vouloir bien venir s'asseoir ici. *(Très bien !)*

On applaudit longuement l'arrivée au bureau du citoyen Desmons et, lorsque le silence est rétabli, M. Buisson prononce le discours suivant :

Discours de M. F. BUISSON

Citoyens,

Nos moments sont comptés. Cette séance est la dernière, et elle sera aussi chargée que les précédentes. Nos travaux, vous le voyez, auront été sérieux.

Aussi, voudrais-je éviter d'empiéter sur le peu de temps qui nous reste, même pour vous remercier de l'honneur que vous voulez bien me faire. Je ne l'accepterais pas — permettez-moi de vous dire toute ma pensée — s'il s'adressait à ma personne. Pourquoi appeler à la présidence un nouveau-venu à la vie politique, quand vous avez à votre tête tant d'hommes mieux désignés pour ces fonctions ? Mais je n'ai pas eu de peine à deviner les motifs qui vous ont fait prononcer mon nom. Vous vous êtes souvenus que j'ai été pendant de longues années à la tête du service de l'enseignement primaire, et c'est aux instituteurs que vous avez voulu faire honneur en m'appelant ici : c'est au nom des instituteurs que j'accepte cette marque de sympathie qu'ils ont bien méritée et je vous en remercie pour eux. (*Applaudissements.*)

Nous voilà parvenus au terme de nos délibérations. En m'appelant à présider la séance de clôture, vous avez entendu sans doute que je devrais essayer de tirer très rapidement la philosophie des travaux du Congrès, rechercher avec vous les idées principales qui s'en dégagent et qu'il est malaisé de distinguer dans le premier feu de la discussion.

Qu'êtes-vous donc venus faire ici et qu'y avez-vous fait ? L'acte essentiel du Congrès, le voici : vous venez d'affirmer l'existence d'un grand parti nouveau. Je dis : un grand parti, et je dis : un parti nouveau. J'ajoute encore, pour le mieux définir, que ce n'est plus comme autrefois un parti d'opposition, mais un parti de gouvernement. (*Applaudissements.*) Voilà ce que vous avez eu l'intention de faire et, je le crois fermement, ce que vous avez fait.

De ces modestes et fraternelles réunions où nous avons échangé si librement tant d'idées, il ressort manifestement qu'un mouvement politique d'une nature originale est en train de s'accomplir.

Comment peut-on le caractériser ?

D'abord par le seul fait de votre présence ici, ensuite par l'organisation que vous venez de créer, enfin par l'ensemble des résolutions votées.

I

Et d'abord, par votre présence dans cette assemblée. Cela peut sembler un peu excessif; mais non, il n'y a là aucune exagération. C'était un spectacle inédit et un beau spectacle que vous donniez, que nous donnions dans une assemblée, que l'on pourrait dire sans précédent, car celle qui fut tenue à Paris, en 1901, n'était en quelque sorte que la réunion préparatoire de celle-ci. Celle-ci est la réunion organique et constitutive.

Un étranger, observateur impartial, et qui serait au courant des choses de ce pays, serait tout de suite frappé de ce qu'il y a ici de significatif.

Il remarquerait que l'on a pu voir sur ces bancs, ce qui s'était rarement vu, une sorte de représentation officieuse du parti républicain avancé, représentation à la fois régulière et très libre, gouvernée par l'esprit même du suffrage universel, plaçant tous ses membres sur le pied de la plus parfaite égalité et cependant laissant à chaque individu, à chaque groupement sa physionomie propre. Rien que le fait de voir ainsi rapprochés et mêlés dans la salle les représentants de la ville et ceux de la campagne, de ces deux moitiés de la France qui ont été trop souvent à peu près à l'état d'antagonisme politique et qui tenaient ici à se pénétrer, à se comprendre, à s'entendre, rien que cela mériterait l'attention du spectateur perspicace que nous supposons. Et si son regard descendait plus avant, il découvrirait que non seulement s'unissent dans ce petit Parlement extra-parlementaire la démocratie ouvrière et la démocratie rurale, mais aussi qu'il y a là des délégués de toutes les parties de la France, de toutes les professions, de toutes les formes du travail intellectuel et manuel, du commerce, de l'industrie, de l'agriculture, de ce qu'on a si longtemps et si abusivement appelé les professions libérales, le tout constituant, en dépit ou en raison même de cette diversité, un seul bloc homogène, le bloc démocratique et républicain. Il constaterait encore avec intérêt la facilité avec laquelle se sont mis à travailler ensemble, sans que rien les différencie, des hommes qui sont les élus du Parti à la Chambre, au Sénat, aux assemblées départementales, et d'autres qui sont simplement les délégués de ces petits comités qui obscurément travaillent au fond de leur province, de leur petite ville ou de leur village, à faire des recrues à la République. Et il dirait : Voilà bien les symptômes d'une démocratie qui s'affirme.

Pour me faire mieux comprendre, voulez-vous me permettre, citoyens, un souvenir de jeunesse ?

C'était en Suisse, à la fin de l'Empire. Je fréquentais avec un pieux respect ceux qu'on appelait les proscrits, et à leur tête Edgar Quinet. Que de fois il m'est arrivé d'assister avec eux à une de ces grandes et magnifiques réunions populaires dont la Suisse a l'habitude depuis des siècles ! Et là, Edgar Quinet, Marc Dufraine, Jules Barni de me dire : « Ah ! si jamais nous pouvions voir en France des assemblées pareilles ! si jamais la vie locale et l'initiative individuelle et l'esprit de fraternité pouvaient se réveiller chez nous et produire les mêmes merveilles qu'ici ! ce serait enfin la République, et nous serions sauvés ! » Ils osaient à peine entrevoir cet avenir, croire possible cette rupture avec tant de siècles d'habitudes monarchiques, de passivité politique et d'éducation cléricale.

Eh bien ! le spectacle qu'ils n'espéraient pas voir, c'est celui-là que vous venez de donner, citoyens, et vous m'excuserez si, en y assistant, ma pensée s'est reportée vers ces précurseurs qui ont maintenu les droits de la conscience et les titres imprescriptibles de la République. *(Applaudissements.)*

II

Mais, si notre réunion même est un fait qui a son sens et sa portée, le travail pour ainsi dire technique qui en est sorti le précise bien davantage.

Ce que vous venez de faire est peut-être de bien plus grande conséquence que vous ne le pensez vous-mêmes, et qui sait si l'histoire politique ne l'enregistrera pas parmi les événements qui comptent ? Vous venez de donner sa charte à votre Parti. Oui, vous en avez vous-mêmes tracé les caractères, marqué les limites, défini l'esprit et fixé la constitution en ses traits essentiels. Vous avez brisé un vieux moule, et vous vous êtes bien gardés de mettre à la place de l'ancien un nouveau moule aussi rigide.

D'abord en ce qui concerne les personnes :

Trop longtemps, nous avons été habitués en France, et nous, vieux républicains comme les autres, à attendre le signal d'un chef, d'un homme ou d'un groupe d'hommes, nécessaires ; nous avons eu trop longtemps la superstition des chefs et des hommes nécessaires. *(Applaudissements.)*

Les statuts nouveaux, que vous avez adoptés, ont un sens bien clair : ils signifient à la France républicaine, que de cette superstition aussi il faut s'en affranchir.

Ah ! ce n'est pas que nous ignorions de quel prix peut être, pour un grand parti, d'avoir à sa tête des hommes capables de le diriger ! Certes, s'il dépendait de nous et de nos vœux, qu'il nous revienne un Gambetta, un Jules Ferry, un Paul Bert, nous serions unanimes à les appeler de nos plus ardentes aspirations. Mais en attendant qu'ils viennent, sachons faire notre devoir, même sans eux. Fussions-nous et dussions-nous rester des soldats sans chefs illustres, allons au feu comme les patriotes de 92 et comme eux, sachons nous passer des grands capitaines qui sont morts ou qui ne sont pas encore nés. *(Applaudissements.)*

Tel est précisément, l'objet de votre nouvelle constitution. Vous avez pris les mesures nécessaires pour que le Parti vive de sa propre vie et dépende le moins possible des personnes dirigeantes. Vous croyez qu'il peut et qu'il doit se diriger lui-même. Il y a là plus qu'un changement de tactique ; c'est une autre conception de la vie politique. On se l'est trop souvent représentée comme un mécanisme, qu'il suffirait de mettre en mouvement et de faire régulièrement fonctionner. Non, dites vous. Ce n'est pas un mécanisme, si parfait qu'il soit. C'est un organisme, chose tout à fait différente. Un organisme, c'est-à-dire un tout vivant, aussi souple, aussi mouvant, aussi varié, aussi riche, aussi délicat, aussi puissant que la vie elle-même. N'essayez pas d'enfermer la vie en quelques formules sèches et sous quelques étiquettes correctes et immuables. Nous nous en sommes trop longtemps contentés. Nous sentons aujourd'hui que le parti républicain, ou pour mieux dire le pays républicain, veut autre chose : il veut vivre, et vivre c'est agir.

Aussi votre premier soin a-t-il été de mettre la vie et l'action à la portée de tous. Vous ne voulez plus que la politique soit l'affaire des politiciens ; vous en faites l'affaire des citoyens, de tous les citoyens. Par la correspondance incessante entre le centre et les extrémités, entre Paris et la province, entre votre commission exécutive et vos groupes locaux, entre les mandants et les mandataires, vous ressuscitez la vie politique locale, ce qui est le meilleur moyen d'entretenir dans une république la vie politique nationale,

Cette organisation nouvelle me rappelle — ne souriez pas, encore un vieux souvenir ! — une expression favorite de Pierre Leroux, de ce visionnaire qui eut des éclairs de génie et qui, dans sa vieillesse, pouvait au moins revendiquer l'honneur d'avoir créé deux mots destinés à une grande fortune : le mot *solidarité* et le mot *socialisme*. C'est à un troisième que je pensais, son *circulus vital*, la circulation universelle de la vie.

Vous l'avez réalisé, vous, ce système qui fait circuler le sang dans tout le corps social par le va-et-vient incessant qui l'envoie du cœur jusque dans les masses profondes de l'organisme et le renvoie de là au cœur ; vous faites du corps social un réseau de cellules vivantes recevant et se transmettant les pulsations d'une vie commune. Vos petits comités locaux sont les unités constitutives de la vie politique, non plus des unités isolées, non plus une poussière d'individus, mais, comme dans tout corps animé, les unités vivantes agrégées et solidaires, associées, organisées, coopérantes. C'est l'échange perpétuel d'action, c'est la combinaison méthodique des efforts, qui sont multiples, en vue d'un but qui est un. *(Applaudissements.)*

Nous voilà loin de la vieille politique et de ses procédés. Et, si, étonné de cette façon nouvelle d'opérer, on vient nous demander qui nous sommes pour agir ainsi, nous pouvons répondre : « Nous sommes les « nouvelles couches » annoncées par Gambetta, ces « couches inférieures » et plus profondes de la démocratie, qui sont peut-être plus loin de ce que l'on appelait jadis le cerveau de la France : la bourgeoisie, mais qui sont plus près de son cœur, étant faites de la substance même du peuple. *(Applaudissements.)*

Nous sommes le nombre, nous sommes le gros de la nation, voilà la vérité ; cela ne veut pas dire seulement que nous avons la majorité au Parlement, ou dans les conseils élus. Plus que cela, nous représentons, bel et bien, selon la lettre et selon l'esprit, le faisceau des forces vives de la nation. Il nous manquait quelque chose : nous avions le nombre, et nous n'en avions pas conscience ; nous avions la force, et nous ne le savions pas ; nous avions le droit, et nous hésitions à le faire valoir.

Ce que vous venez d'affirmer, citoyens, ce que, j'espère, le Congrès radical et radical-socialiste nous aura donné, c'est précisément cette conscience de notre force et ce sentiment de notre rôle légitime, normal, nécessaire. Vous avez créé des procédés de travail et un plan d'organisation nous permettant d'utiliser les puissances latentes déposées en nous, et de les appliquer au développement immédiat de la démocratie militante. *(Applaudissements.)*

III

Vous ne vous êtes pas bornés à rédiger cette charte dont vous allez faire la première application, tout à l'heure, par la nomination du premier Comité exécutif élu ; vous avez émis des vœux, vous vous êtes prononcés sur un grand nombre de points, vous avez voulu montrer que chez nous c'est par la liberté qu'on arrive à l'unité : chacun commence par penser et par dire librement ce qu'il pense, et, si l'accord se fait, ce n'est pas sur un *credo* politique imposé par le parti à tous ses membres, c'est entre des pensées conscientes et réfléchies qui se sont librement rencontrées. Je ne veux pas vous apporter ici des éloges qu'il ne m'appartient pas de décerner et dont un républicain n'a jamais besoin *(Très bien)*, mais hier, en écoutant comme vous avec émotion, le solide discours où notre ami Maujan, résumant ce que ses deux prédécesseurs avaient si bien dit, traçait d'une main ferme les grandes lignes de notre politique, je me disais intérieurement : que fait-elle cette assemblée qui suit de si près cet exposé et qui en souligne de ses acclamations les points essentiels ? A-t-elle l'air d'un auditoire qui applaudit à des paroles très belles ou bien d'un corps délibérant qui sciemment s'associe à des actes ? Est-ce qu'elle ne fait pas ici à peu près ce que faisaient, il y a plus de cent ans, nos pères, les obscurs délégués du Tiers-État, quand ils rédigeaient dans leurs bailliages, à la veille de 89, leurs fameux cahiers ?

Ce sont aussi des cahiers, de nouveaux cahiers de 89 que vous venez d'écrire, c'est dans le même esprit, avec la même absence de cérémonial, de toute formalité officielle, de toute contrainte, de tout arrangement factice, c'est dans la même liberté plénière que vous avez agi ; chacun de vous apportait ici — comme eux autrefois, dans leurs cahiers — le fruit de ses expériences et de ses réflexions, l'écho des plaintes qu'il a entendues, ses appels, ses avertissements, ses craintes et ses espérances, tous ces vœux, enfin, qui sont moins les vôtres que les vœux mêmes de la Nation. *(Applaudissements.)*

Il y a loin, je le sais, et nous le savons tous, de ces beaux cahiers de 89 que nous relisons avec une sorte de piété, à ceux que nous venons d'écrire ici, à cette suite de vœux que nous avons enregistrés un peu pêle-mêle, à la hâte, nous en convenons, car il valait mieux commencer ainsi que d'ajourner une fois de plus la mise sur pied de notre programme. On dira que nous n'avons plus les grandes envolées, les espérances illimitées, les affirmations absolues et souveraines qui sont si belles à lire et si touchantes dans les vœux et les doléances de nos pères de cette lointaine époque.

En effet, l'heure est passée, l'heure d'illusion où le sculpteur entrevoit pour la première fois, dans la splendeur du ciel, l'idéal de la beauté qu'il rêve de fixer, l'heure où il lui semble qu'il a aperçu et saisi ses formes impeccables et qu'il va les faire renaître dans un marbre immortel. Nous n'en sommes plus là ; nous sommes en face du bloc de marbre, le ciseau et le marteau à la main ; la dure matière est à peine ébauchée il s'agit maintenant de traduire cet idéal intraduisible, de lui donner la réalité et de faire sortir de ce bloc informe, trait par trait, détail par détail, ligne après ligne, la statue vivante de la République. *(Acclamations.)*

Travail nouveau, bien différent du premier, travail de précision et de patience où, au lieu d'une puissante et géniale synthèse, il faut s'astreindre aux minuties de l'analyse, résoudre les menues difficultés de la pratique, qui sont les plus dangereuses parce qu'on s'en méfie moins ! Nos pères mêmes, s'ils revenaient ne pourraient pas se borner à reproduire, en 1902, leurs cahiers de 1789. Avant tout, si l'on veut agir sur son temps, il faut en être. Or, celui où nous vivons ne met rien au-dessus de la science et de l'expérience.

C'est l'expérience aujourd'hui qui est la grande institutrice des peuples. Sans doute, quand elle a parlé, nous reconnaissons qu'il nous faut renoncer parfois à de chères illusions ; mais quoi ! perdre des illusions, ce n'est pas perdre, c'est gagner. Nous avons appris en vieillissant, nous connaissons mieux notre pays, nous nous rendons mieux compte de la dificulté, de la complexité des choses ; nous sommes obligés de recourir à des méthodes que nos pères ne pouvaient pas entrevoir. L'évolutionnisme, le darwinisme, le merveilleux progrès de toutes les sciences expérimentales, sciences physiques, naturelles, historiques et sociales, nous ont créé des obligations toutes nouvelles : nous n'avons plus ni le droit, ni le moyen de nous en tenir aux formules simplistes d'autrefois : il faut, bon gré mal gré, nous engager, pionniers de la société future, dans une voie nouvelle, avec des instruments nouveaux. *(Applaudissements.)*

Accepter ce changement de méthode, est-ce déchoir? Est-ce descendre des sommets? Est-ce abandonner quelque chose de l'idéal républicain que de vouloir le prendre corps à corps pour le faire passer par des lois, par une foule d'actes partiels et successifs, dans la réalité sociale ? Non, essayer de réaliser l'idéal, ce n'est pas l'amoindrir.

Pour le réaliser, évidemment il faudra lui enlever, en grande partie, cette poésie de l'inconnu qui lui donnait au premier moment tant de charme et de mystérieux attrait ; mais, quand il s'agit de créer le beau et le bien dans l'ordre des choses humaines et des choses sociales, réaliser un peu, vaut mieux que rêver beaucoup. *(Applaudissements.)*

La différence entre nos adversaires et nous, elle est là.

Nous savons très bien qu'ils nous promettent, au delà de ce monde, une sorte de cité idéale, cité des justes et des bienheureux, où seront réunies toutes les perfections et toutes les félicités. Cette cité-là, ce n'est pas là-haut que nous la voulons, c'est sur cette terre, c'est dans notre pays. Elle sera plus imparfaite sans doute que celle d'outre-tombe, mais au moins elle sera. Et c'est nous qui l'aurons faite. *(Applaudissements.)*

IV

Telles sont les ambitions de notre Congrès, telle est l'œuvre simple, longue et laborieuse devant laquelle il n'a pas reculé. Le tableau que j'essaie de tracer en quelques paroles incohérentes (*plusieurs voix*: non, non, vous êtes trop modeste!) suffit à vous faire entrevoir ce qu'il y a, dans un tel effort, de sérieux et d'original.

Comment donc se peut-il qu'à l'heure même où vous le tentez, beaucoup d'esprits, j'entends des esprits sincères, ne parviennent pas à s'en rendre compte, et non seulement ne vous comprennent pas, mais, involontairement sans doute, dénaturent nos projets, je dirai presque calomnient nos intentions, s'il ne fallait voir surtout dans leurs accusations un cas remarquable d'incompréhension.

Je lisais hier dans un grand journal républicain une première appréciation générale du Congrès radical et radical-socialiste. C'est un travail étudié, fait évidemment avec l'intention de fixer sur notre compte la bourgeoisie « éclairée » ; c'était, du moins autrefois, l'épithète qu'elle affectionnait.

On nous a fait deux grands reproches, et puisqu'on les fait directement, publiquement, vous me permettrez peut-être d'essayer tout de suite d'y répondre.

Le premier reproche est celui-ci. On nous dit :

« Chose extraordinaire, voilà des citoyens qui s'assemblent pour faire de la politique. — Soit. (On veut bien ne pas trop nous le reprocher.) — Et dans un moment où tant de questions si graves, quelques-unes même douloureuses, préoccupent la France, ces gens-là ne pensent qu'à satisfaire leurs rancunes ; ils poussent à l'intolérance d'Etat, demandent des mesures d'exception et, pour tout dire, reprendront la politique la plus vieille et la plus démodée, la guerre au cléricalisme, la guerre aux congrégations, Ils n'ont donc pas le moindre sens politique, pas la moindre idée à mettre en avant ! »

Voilà la première critique qu'on nous fait. Ce qu'elle a de spécieux, nous le voyons bien. Eh! n'y a-t-il pas parmi nous des hommes qui ne l'ont pas attendue pour se dire: « après tout, il est fastidieux tout de même d'en être encore à nous occuper du clergé, des congrégations et de leurs menées. » Le cléricalisme fut, est et sera l'ennemi, c'est entendu, mais passons à autre chose. « Manger du prêtre » ne suffit pas pour faire un programme politique,

Citoyens, c'est précisément au point de vue politique et purement politique qu'il faut nous placer pour décider si la question cléricale et congréganiste est en effet une vieillerie et si elle est une bagatelle. Laissons de côté les considérations de philosophie, de religion, d'histoire, et parlons politique.

Représentons-nous donc la France comme on peut la voir du dehors. La France est dans le vieux monde la plus grande démocratie républicaine et la plus avancée. Ce pays, véritable paradoxe vivant, donne un spectacle unique. Seul, il a entrepris de faire exister, de laisser subsister côte à côte, dans son sein, deux ordres parallèles d'institutions absolument dissemblables. D'une part, il a en principe, depuis plus de cent ans, en réalité depuis un quart de siècle à peine, des institutions républicaines qui sont neuves, toutes neuves, trop neuves peut-on bien dire, tant elles sont encore mal exercées, mal comprises et mal affermies. Et, d'autre part, il conserve d'autres institutions plusieurs fois séculaires, qui ont été celles de la monarchie, qui ont servi de base ou de cadre à tout l'ancien régime.

De ces antiques institutions, la plus forte, la plus riche, la plus admirablement construite, la plus habilement conduite, la plus puissante en tous les sens dans l'ordre matériel et dans l'ordre moral, c'est l'Eglise, telle que les siècles l'ont faite, avec la double et colossale milice dont elle dispose, le clergé officiel et les ordres monastiques.

Que la France de la République démocratique et sociale soit en même temps la France du Concordat, du *Syllabus* et des Jésuites, que le même pays tente de mener de front cette existence en partie double et prétende abriter sous les plis du même drapeau, celui de la Déclaration des droits de l'homme, la souveraineté de l'Etat laïque et l'indépendance du monde ecclésiastique, c'est là l'étonnement de tous ceux qui nous observent, tant il leur semble évident qu'il y a là deux principes, deux systèmes, deux modes de civilisation dont l'un fatalement doit tuer l'autre. *(Applaudissements.)*

Telle est, au point de vue de la politique pure, la caractéristique de l'état actuel de la France. Un duel y est engagé dans des conditions étranges, obscures, si mêlées et si complexes que personne n'en peut prévoir mathématiquement l'issue ; c'est un duel d'où sortira tôt ou tard ou bien la République sociale, ou bien la République cléricale. Car ces deux solutions à l'heure présente sont encore possibles.

Laquelle des deux prévaudra ?

Direz-vous que la question est d'importance secondaire et ne touche pas essentiellement à la politique ? Mais on vous ferait remarquer d'abord un fait qui prouve bien quelque chose.

Dès les premières heures de la Révolution, avant même que le nom de République eût été prononcé, quel est le premier acte que les hommes d'ordre et de liberté ont cru nécessaire pour garantir la durée de leur œuvre et la mise en vigueur du nouveau régime ? C'est l'ordonnance de la Constituante, contresignée d'ailleurs par le roi, et devenue la loi de 1790, déclarant abolies et à jamais éteintes en France les congrégations religieuses d'hommes et de femmes. *(Applaudissements.)* Vous me direz : pourquoi ce souvenir historique ? Ah, citoyens, j'y tiens à ce souvenir comme à une leçon qu'il ne faut pas oublier. J'y tiens, parce que ce n'est pas un hasard si le premier cri d'émancipation de nos ancêtres, après la prise de la Bastille, a été celui-là. Il faut qu'ils aient vu très clairement alors que c'était par là qu'il fallait commencer. Et ils ont résolu avant tout de se défaire de l'ennemi constitué en corps d'armée permanente, de dissoudre cette armée de la contre-Révolution publiquement, ouvertement, légalement, au grand jour, sans réticence et sans fausse pudeur. *(Très bien!)* J'ai une autre raison pour insister : il faut bien croire que ce sentiment de la nécessité de supprimer les congrégations n'est pas une simple aberration de la politique révolutionnaire et, comme dit une certaine presse, un crime du jacobinisme, puisque dans ce pays, depuis cent douze ans, on ne l'a jamais rapportée, cette loi de 1790 : elle existe toujours ; M. Combes peut la viser en tête de ses décrets. Personne au cours de tout le siècle n'a proposé de l'abroger, pas même la Restauration. On l'a tournée, éludée, mais jamais violée expressément. Nous avons donc le droit de dire, parlant toujours au seul point de vue de la politique, que c'est un fait grave de voir inscrite et maintenue sans conteste à la première page de notre code républicain la suppression radicale et définitive des congrégations. *(Applaudissements.)*

De cette première page déjà lointaine, voulez-vous que nous passions tout de suite à la dernière, en supprimant tout l'intervalle ? Vous allez retrouver la même leçon d'histoire singulièrement grave.

Quand la troisième République, à travers tous les écueils qu'elle a franchis comme par miracle, est arrivée à se constituer, après le second et définitif échec de l'Ordre moral, quel a été, cette fois encore, le premier mouvement des esprits et le premier acte du parti ? Vous le savez, ce fut de proposer l'article 7.

Jules Ferry a été battu, et mal nous en a pris ; du coup nous avons perdu vingt ans, vingt ans pendant lesquels nos adversaires ont continué à profiter du *statu quo*, à se servir, jour après jour, de la loi Falloux pour étendre, généraliser et perfectionner l'organisation de l'enseignement congréganiste.

Ainsi donc, aussi bien de nos jours qu'il y a cent ans, la question des congrégations est la première qui se pose chaque fois que le parti républicain redevient maître du pouvoir et veut agir. Il faut bien qu'il y ait à cela d'autres raisons que les « rancunes » qu'on nous prête. Car enfin on ne peut pas nous demander de prendre au sérieux ceux qui, naïvement peut-être, viennent nous dire : « Que vous importe qu'il y ait ou non des congréganistes ? Laissez donc ces gens-là vivre à leur guise. Ils ont des idées bizarres, soit. Mais à quoi bon vous en occuper ? Laissez-les donc prier Dieu autant qu'il leur plaira, user de leurs genoux les dalles des chapelles et gagner le ciel à force de privations. Qu'est-ce que cela peut vous faire ? »

Citoyens, ceux qui parlent ainsi nous croient bien aveugles, à moins qu'ils ne se flattent peut-être de trouver en nous des dupes volontaires, comme certains républicains l'ont été trop souvent. (*Applaudissements*) Il s'agit bien vraiment de la liberté de la prière et de la paix du cloître ! Il s'agit bien de quelques pauvres solitaires désireux d'oublier le monde et d'en être oubliés ! Mais ouvrez donc les yeux, hommes politiques, regardez votre pays. Vous ne voyez donc pas l'immense réseau qui l'enveloppe et l'incomparable déploiement de forces qui en couvre tout le territoire ?

C'est d'abord l'armée des quarante mille membres d'un clergé plus étroitement hiérarchisé et discipliné qu'aucune autre armée. Il n'a pas seulement, ce clergé, la force du nombre et du prestige ; il en a une autre, nous nous plaisons à le reconnaître : il se recommande aujourd'hui par des qualités et par des vertus que n'avaient pas les prêtres du XVIIIe siècle. Quoi d'étonnant donc si ce clergé paroissial qui occupe, jusque dans les derniers villages, les postes d'honneur, exerce autour de lui, sur la masse de la population, sur les familles dociles, croyantes, confiantes et respectueuses, une influence qu'aucune autre jusqu'ici ne pouvait balancer !

Et comme si ce n'était pas assez de donner dans un pays républicain cette situation prépondérante à un clergé qui n'appartient pas à la République — on avait cru en 1848 qu'il s'y ralliait quand il bénissait les arbres de la liberté qui en sont morts (*Applaudissements*), mais depuis 1870 nous attendons encore qu'il se déclare en masse pour la République, — comme si ce n'était pas assez de donner à l'Eglise une telle prise sur la France, on la laisse, à côté de cette organisation officielle, en constituer une autre plus nombreuse encore et plus redoutable, plus riche, plus libre, plus hardie, qui enrégimente quelque chose comme cent-cinquante mille hommes et femmes, sous des noms divers de congrégations religieuses.

Et de ces congrégations, citoyens, je dirai bien haut ce que je disais tout à l'heure du clergé. Le temps n'est plus où l'on pouvait en parler comme en parlent les fabliaux du moyen âge ou les contes du XVIIIe siècle. Ces histoires amusantes et ces plaisanteries faciles qui ont tant fait rire nos aïeux, elles n'ont plus cours. Ce que nous avons en face de nous, ce n'est plus le couvent d'autrefois avec la dîme et ses abus : les congrégations d'aujourd'hui sont autre chose. Leur force est dans la dignité de vie et dans le mérite de leurs membres. Nous n'avons garde de contester leurs vertus et leur dévouement. Nous dirions plutôt : Comment ne les auraient-ils pas ? Songez donc que voilà des hommes, des femmes, qui ont rompu avec la famille et avec la société, qui ne tiennent plus à rien, qui ont fait, passez-moi le mot, une sorte de demi-suicide ; il faut pourtant bien qu'ils fassent quelque chose, qu'ils aiment quelque chose, qu'ils pensent et qu'ils travaillent à quelque chose. Ce triple vœu qui les marque, dit-on, d'un signe sacré, pourquoi l'ont-ils prononcé ? Est-ce pour rester inertes et plongés dans la vie contemplative ? S'ils ont renoncé à leurs volontés individuelles, c'est pour en former un faisceau puissant qu'ils mettent aux mains d'un chef suprême, le général de leur ordre ou le pape, peu importe. Ils veulent donc servir, de toute leur force, un dessein profond, se consacrer à une œuvre qui suffit à être le grand intérêt, la grande passion de leur vie où il n'y en a pas d'autres, ils ne pensent qu'à cela, ne vivent que pour cela.

Et, par ce qu'ils ont de plus sacré, ils jurent à un chef suprême, — avec votre consentement, citoyens, au su et au vu de la République française qui leur reconnaît la personnalité civile collective justement, en récompense du sacrifice de leurs personnalités individuelles, — il lui jurent une obéissance plus absolue que celle de l'enfant à son père, que celle du soldat à son officier ou de l'esclave à son maître, car, dans tous ces cas, il reste au moins à celui qui obéit le droit de protester intérieurement, tandis que pour le congréganiste, le parfait idéal est de ne pas même murmurer, de vouloir absolument, passionnément cette sujétion, et d'y trouver la félicité parfaite ici bas, et le bonheur éternel là-haut. *(Applaudissements.)*

Et vous voulez nous faire croire, messieurs les libéraux, que tout cela n'est rien, moins que rien, que l'existence d'une pareille institution en pleine République est un fait divers quelconque, un de ces détails insignifiants que dédaigne votre sagesse politique. Ah ! si vous voulez dire qu'il doit nous tarder d'en venir à des questions plus importantes pour l'avenir de la démocratie, à des problèmes d'organisation sociale autrement graves, vous avez raison. Mais, ce qui nous barre la route pour y arriver, c'est précisément la barrière cléricale. Et c'est pour cela que les autres questions ne pourront être utilement abordées et résolues que quand nous aurons réglé celle-là. *(Applaudissements.)*

Encore une fois, ce n'est pas en pédagogue ou en philosophe que je parle, c'est en homme politique. Et quoi qu'on en dise, c'est bien un fait politique, et non de mince importance, que la persistance et la prospérité des institutions monacales, sous la protection de la République qui leur donne patente pour enseigner la jeunesse.

Vous constatez cet état florissant des congrégations. Et après cela, vous vous demandez comment il se fait qu'après trente ans de République, la République n'ait pas fait les progrès que, normalement, nous devions attendre d'elle.

Vous rappelez-vous cette jolie fable de l'antiquité où une faible femme trompe l'impatience de ses prétendants par un artifice tout féminin ? Elle avait ajourné sa réponse au jour où elle aurait achevé de tisser un voile de grand prix, et, jour après jour, on la voyait travailler à cette merveilleuse broderie du matin au soir, assidue et silencieuse. Les jours et les semaines s'écoulaient, et la toile n'avançait pas, elle ne finissait pas, elle ne fut jamais finie. C'est que chaque nuit, en quelques minutes, l'ingénieuse ouvrière défaisait ce qu'elle avait fait dans la journée.

C'est l'histoire à peu près de notre République : après qu'elle a fait au grand jour son ouvrage, des ennemis viennent qui le défont dans l'ombre de la nuit. *(Applaudissements.)*

La démocratie enfin s'en est aperçue et elle veut que cela cesse. *(Très bien.)*

Et de là la résolution qu'elle a prise, d'en finir avec la liberté des congrégations.

La « liberté » pour les « congrégations » ! Deux mots qui se contredisent, quelque chose comme la liberté de supprimer sa liberté propre et de se consacrer à supprimer celles des autres ! Voilà pourtant ce que l'on réclame et ce que la République, de sang-froid, sans haine et sans passion, refusera. Le droit de travailler, soit clandestinement, soit ouvertement à la contre-Révolution, est un droit que ne peut reconnaître un peuple fils de la Révolution.

La prétention d'opposer aux Droits de l'homme les droits de Dieu, représentés, gérés et exploités par l'Eglise et ses milices séculières et régulières, c'est un anachronisme que le pays ne peut pas tolérer plus longtemps. *(Applaudissements.)*

Or il s'est trouvé, citoyens, que par le jeu naturel des choses humaines, nos deux Chambres instruites par des événements récents, à une majorité plus que respectable, se sont mises d'accord, pour insérer dans une loi sur les associations une partie, une partie seulement, mais déjà notable, des mesures à prendre pour la défense de la République contre les congrégations. Et il s'est trouvé, par le fait des dernières élections qu'il est arrivé au pouvoir un cabinet qui peut avoir tous les défauts qu'il vous plaira, mais qui a au moins le mérite d'avoir pris au sérieux cette œuvre de la dernière législature et de vouloir l'appliquer, en lui faisant rendre son maximum d'effet utile. Et c'est au moment où ce cabinet, luttant franchement, énergiquement, pour en finir avec cette enrégimentation cléricale jusqu'ici favorisée par les lois, c'est au moment où ce cabinet rencontre contre lui des oppositions de toutes sortes, de tous rangs, de tous prétextes, que l'on vient nous dire : à quoi vous amusez-vous ? Si vous n'êtes pas des sectaires, laissez M. Combes faire la guerre aux congrégations, et ne vous commettez pas avec ce gouvernement de persécuteurs !

Eh bien non, citoyens, nous ne suivrons pas ce conseil. Nous estimons au contraire que notre premier devoir est de le soutenir, et nous le soutiendrons. *(Applaudissements.)*

Nous le soutiendrons, parce qu'il fait, aujourd'hui, l'œuvre nécessaire aujourd'hui. Demain, j'espère, je veux espérer, j'ai des raisons de croire qu'il fera l'œuvre nécessaire pour demain *(Applaudissements)*, et nous le soutiendrons encore. Mais parlons d'abord d'aujourd'hui.

Aujourd'hui, de par la loi de 1901, nous sommes mis en demeure de nous prononcer. Il n'y a plus de faux-fuyant possible. Il faudra voter pour ou voter contre l'autorisation à donner aux congrégations.

Et c'est la question politique du jour. N'affectez pas de croire qu'elle n'en vaut pas la peine. Si c'était une si petite affaire et de si peu de conséquence, nous n'aurions pas vu, au lendemain du vote de la loi du 1er juillet 1901, le départ se faire, net et tranché, à arêtes vives, à la veille des élections, en deux camps : ceux qui avaient voté *pour* et ceux qui ont voté *contre* cette loi. Si cela n'avait pas d'importance politique, d'où vient cet accord, pour en faire la pierre de touche des élections et d la politique entière entre des journaux comme le *Gaulois*, les *Débats*, le *Temps*, l'*Univers*, le *Figaro*.

Une voix : Et le *Matin*.

M. Buisson. — Nous ne pouvons nous y tromper ni les uns, ni les autres, nous sommes, comme on dit au pied du mur.

La potitique d'ajournement, de soi-disant prudence et de tergiversation a fait son temps. Après tant de gouvernements qui, aux prises avec la puissance cléricale, ou bien ont été brisés ou bien ont sagement battu en retraite, en voici un qui franchement, comptant sur nous, se sentant appuyé par la démocratie rurale et la démocratie ouvrière, entreprend de montrer que la République, plus puissante que l'Empire et la Monarchie, peut dès à présent se dégager de l'étreinte des Congrégations en attendant qu'elle rompe les liens qui l'attachent à l'Eglise elle-même par la suppression du Concordat. *(Applaudissements.)*

Et l'on veut que cela vous soit indifférent! Le Congrès n'en a pas jugé ainsi, il a promis à un gouvernement qui a cette audace, l'approbation et la reconnaissance de la France républicaine.

V

Mais je vous disais que la même presse nous adresse un second reproche.

Celui-ci, s'il avait l'ombre de fondement, nous toucherait pas plus que les autres, car après tout, que l'on nous traite avec quelque impertinence d'incorrigibles Homais, nous pouvons sourire et même nous dire tout bas : « sans tous ces Homais-là, où en serait la République ? » Mais c'est d'autre chose qu'il s'agit.

« Ces gens-là, dit-on, ces gens-là veulent confisquer la République comme les nationalistes ont voulu confisquer la patrie. »

Oh! citoyens, tous les reproches que vous voudrez, mais pas celui-là ! Comparer notre politique au nationalisme, c'est trop d'injure et trop d'injustice. *(Applaudissements.)*

Nos critiques eux-mêmes savent mieux que personne l'inexactitude foncière du parallèle. Quand les nationalistes ont essayé de confisquer les idées de patrie, au profit de qui l'ont-ils fait ? Parcourez les listes de la Patrie française, et vous serez édifiés. Il n'y a plus qu'à y ajouter celles d'une Ligue plus jeune qui a les mêmes parrains, celle pour le refus de l'impôt. Et vous saurez à quoi vous en tenir. Cette patrie-là, c'est le masque de la réaction.

Quelle sorte de ressemblance peut-on trouver entre cette entreprise et la nôtre? Est-ce vouloir confisquer la République que de former, comme nous le faisons au grand jour en ce moment, un parti largement ouvert, parti avancé, soit, mais non pas parti fermé ! Notre nom même l'indique. Nous sommes un parti en mouvement qui n'a ni pu ni voulu se donner un nom unique, et le titre dont on blâme la lourdeur, nous le gardons parce qu'il répond à la vérité des choses : Nous sommes le « parti républicain radical et radical-socialiste ». Oui, c'est long. Mais c'est qu'elle est longue aussi, la suite des étapes que nous avons à parcourir. Où commence notre parti ? — Là où commence l'esprit républicain. — Où finit-il ? — Nous ne le savons pas — car nous ne savons pas où finit la République, nous savons seulement qu'elle ira demain plus loin qu'aujourd'hui, et nous entendons bien laisser la route ouverte. *(Applaudissements.)*

C'est cela que, par une ironie frivole, on prétend faire passer pour un nouveau *Syllabus !* Le *Syllabus* alors de la liberté plénière ? Car ce que nous demandons à tout citoyen c'est simplement s'il est pour ou s'il est contre le progrès indéfini des institutions républicaines et démocratiques. Nous ne lui demandons pas jusqu'où il va dans cette voie, nous ne voulons savoir qu'une chose, c'est dans quel sens il marche. C'est ce qui distingue si profondément la nouvelle politique républicaine de tous les autres partis. Ce n'est pas une doctrine, c'est une méthode. Elle ne s'enferme pas, immobile, en des formules immuables. Elle marche, elle marche toujours. Regardez-là frayer sa route, et sur cette longue et dure route du progrès s'échelonner en des corps de troupes différents ; ces corps de troupes marchent d'un pas inégal ; il y en a de plus jeunes, de plus vifs, de plus ardents, il y en a d'autres, que leur âge, leur passé, les circonstances forcent à marcher plus lentement, dit-on, plus sagement disent-ils, qu'importe ? Une seule chose importe, c'est que tous aillent dans la même direction, marchent vers le même but, qu'aucun d'eux sous aucun prétexte ne fasse volte-face et ne tourne le dos à la République. Nous n'en demandons pas davantage, et c'est là notre *Syllabus*.

Nous savons bien que la République n'apparaît pas à tous exactement sous les mêmes traits, que le même programme paraît excessif aux uns, insuffisant aux autres, parce que ceux-ci sont plus impatients que ceux-là. Mais aux uns et aux autres, nous demandons de ne pas faire, de ne plus faire la politique de l'absolu, mais la politique du relatif, la seule qui puisse fonder quelque chose en ce monde. *(Applaudissements.)* Laissons l'absolu aux croyants, nous qui prétendons non pas croire, mais penser, non pas deviner, mais observer, non pas changer le monde d'un coup de baguette, mais y faire à la longue pénétrer un peu de lumière et un peu de justice.

Sans doute, nous l'avouons, citoyens, une telle manière d'entendre la vie et la politique n'est pas faite pour plaire à tout le monde. Plusieurs trouveront singulièrement dure cette perspective d'un effort incessant. Quoi, nous avons lutté, travaillé, accompli une œuvre, fait un grand pas, gravi péniblement une cime. Et à ce moment où, la journée est finie, il semble que nous puissions nous dire : « Voilà qui est fait, maintenant reposons-nous. » Non, bon soldat, bon travailleur, la République te répond : « C'est bien, tu as bien fait, recommence ! » *(Applaudissements.)* Et la récompense du travail d'aujourd'hui, ce sera le travail de demain. Le prix le plus beau de nos efforts et de nos sacrifices, c'est de comprendre qu'il en faut d'autres encore et d'en accepter joyeusement l'obligation.

Républicains, telle est votre récompense ; elle est d'un ordre sévère, elle suppose des esprits assez naïfs pour s'éprendre du vrai et du juste, assez clairvoyants pour reconnaître qu'il n'y a pas d'intérêt supérieur à celui-là, assez courageux et assez persévérants pour se représenter la République, non pas comme un régime de repos et de stagnation, mais comme une marche en avant vers l'idéal de la démocratie. *(Applaudissements.)*

Aussi, quel n'est pas notre étonnement quand nous voyons les journaux se méprendre sur notre caractère au point de voir, par exemple dans le rapport de votre excellent secrétaire et ami Bonnet, un appel à la toute-puissance de l'Etat ! Toute une partie de ce rapport insiste sur la force de ces innombrables comités locaux qu'a su organiser la réaction. Qu'en conclut-il ? Que l'État les réprime ou les supprime ? Nullement. Il conclut que c'est à nous d'en faire autant, de faire plus, de faire mieux. C'est le plus vibrant appel aux énergies locales et individuelles les plus humbles, à l'effort personnel de chacun dans son petit milieu. Qu'il y a loin de là à cette instauration d'un socialisme d'Etat que l'on feint de nous imputer. Quand le citoyen Bonnet dit : « Organisez-vous chacun chez vous pour lutter en opposant l'initiative à l'initiative, les idées aux idées, le dévouement laïque à l'autre, les arguments aux injures », par un étrange phénomène nos critiques s'écrient : « Entendez-vous, ils appellent les gendarmes pour se défendre ; ces Robespierre au petit pied, ils veulent fermer la bouche à leurs adversaires et en avoir raison par la raison d'Etat. »

On nous accuse de rêver je ne sais quelle unité morale de la France. Mais, citoyen, nous n'en connaissons qu'une. L'unité morale de la France, c'est la diversité dans la liberté.

Notre idéal à nous n'est pas d'exclure de la France une part des éléments si nombreux et si divers qui la composent. Elle n'est la France qu'à la condition de les garder tous. Nous serions bien désolés d'en supprimer aucun, autrement que par le libre jeu de la discussion. Et si nous nions le prétendu droit des congrégations, c'est qu'il n'a rien de commun avec aucune de ces libertés individuelles imprescriptibles et intangibles pour lesquelles et sur lesquelles la République s'est fondée. Il s'agit d'une mesure que la nation a le droit souverain de prendre ou de ne pas prendre, et qui n'enlèvera pas à un seul citoyen la moindre parcelle de sa liberté de conscience.

Que le refus d'autoriser les établissements monastiques puisse gêner les adversaires de la République, nous l'espérons bien, et nous ne pensons pas que le devoir de la République soit d'octroyer plus longtemps à ses adversaires toutes les armes nécessaires pour tuer la République.

C'est une politique de liberté que la nôtre, mais nous prétendons bien que ce soit aussi une politique de vigilance. Nous demandons à l'Etat laïque et républicain de respecter scrupuleusement la liberté de tous, mais aussi de faire respecter la souveraineté nationale.

Nous demandons au gouvernement de gouverner, à l'administration d'administrer dans un sens qui ne soit pas, comme par hasard, toujours le même, toujours celui de la complaisance pour la réaction.

Que l'on nous traite d'importuns, de fâcheux, d'avertisseurs trop zélés, de comité de salut public en miniature ou de néo-jacobins, peu nous importe. Nous sommes tout simplement des républicains trop souvent déçus et qui ne veulent plus l'être, des citoyens de sens commun et de valeur ordinaire, qui se permettent de dire leur mot, comme c'est le droit de chacun en République.

Et le mot que nous avons à dire, c'est que nous voudrions bien qu'il ne fût plus permis, sous pretexte de je ne sais quel libéralisme de salon, de trahir la République qu'on est censé servir. Admirez tant qu'il vous plaira les belles manières et les bonnes traditions, l'élégance de bon ton et l'exquise urbanité des relations mondaines, très bien. Mais nous qui ne sommes pas des gens du monde, qui avons les manières un peu rudes et l'écorce un peu grossière, nous estimons qu'il faut que tout le monde s'accoutume dans ce pays à cette entrée en scène d'une démocratie qui n'est pas et qui ne prétend pas être une élite. Elle prétend être la nation, et c'est au nom de la nation qu'elle ordonne à tous les pouvoirs publics d'appliquer enfin sans défaillance tous les principes républicains et dans l'ordre de l'action politique et dans l'ordre de l'action sociale. (*Applaudissements.*)

Pardon, citoyens d'avoir été si long. (*Plusieurs voix :* Non, non.) Je me suis laissé aller à philosopher avec vous sur ces sujets, si palpitants pour tout homme qui pense. Puissè-je ne pas m'être fait illusion sur notre œuvre commune ! Et puisse un jour l'histoire impartiale prononcer ce jugement : « Le Congrès radical et radical-socialiste, réuni à Lyon en 1902, a bien mérité de la République. » (*Triple salve d'applaudissements.*)

M. HUBBARD. — Je demande la parole, au nom d'un grand nombre de mes amis, pour demander à l'Assemblée de voter la décision suivante :

Le Congrès décide que le discours du citoyen Buisson sera imprimé et distribué aux délégués, qui sont invités à en donner lecture dans leurs groupes en rendant compte de leur mandat. *(Applaudissements prolongés.)*

M. BUISSON. — Citoyens, je vous remercie de votre marque de confiance. Vous encouragez un vétéran, vous avez raison, il faut encourager les vieux. *(Rires.)* On a déposé sur le bureau l'adresse suivante qu'on propose d'envoyer à M. Doumergue, ministre des colonies :

« Les membres du Congrès de Lyon adressent leur salut fraternel au citoyen DOUMERGUE, ministre des colonies, représentant du gouvernement, et aux vaillants républicains de la Creuse réunis aujourd'hui à Bourganeuf pour fêter l'inauguration de la statue de Martin Nadaud, l'ancien ouvrier maçon qui fut l'un des 363.

« Ils s'associent entièrement à eux pour honorer la mémoire de cet ardent démocrate, profondément épris des idées de justice et de solidarité sociales, dont la vie si honnête, si laborieuse et si dévouée à la cause des prolétaires peut servir d'exemple aux générations futures, tout en restant l'une des gloires les plus pures de la France et de la République.

Adopté.

M. BUISSON. — On m'a également remis une adresse ayant trait à la grève des mineurs :

Les soussignés, délégués des comités municipaux et législatifs d'union socialiste de la 2e circonscription du 19e arrondissement de Paris, ont l'honneur de demander au Congrès qu'une quête soit faite à l'issue de la dernière séance du Congrès en faveur de la veuve et des enfants Colombet. Le Congrès affirmera ici sa solidarité avec ce vaillant prolétariat français qui a toujours été sur la brèche pour la défense de la République.

M. KLOTZ. — Citoyens, on demandait hier, lorsque cette adresse fut déposée, que la collecte que nous allons faire fût adressée aux ouvriers mineurs en grève. Hélas ! ce serait par trop insuffisant, mais peut-être que les sommes que votre générosité aura versées, seraient suffisantes pour soulager momentanément la veuve et les enfants de ce malheureux qui a été tué par un gendarme. *(Bravos.)*

Cette dernière proposition est adoptée.

M. Buisson. — Il y a un vœu de la délégation de Saône-et-Loire demandant le retrait des troupes envoyées à Montceau-les-Mines.

M. Myard. — Un simple mot, citoyens, je ne veux pas vous faire un discours, je n'en suis pas capable, je ne suis qu'un ouvrier et le canton que je représente appartient à la circonscription de Montceau. L'association que je représente est composée exclusivement de radicaux et de radicaux-socialistes et je m'empresse de dire que notre vœu n'a aucun caractère de blâme à l'adresse du gouvernement.

Nous avons estimé qu'il appartenait précisément aux amis du gouvernement de le mettre en garde contre les agissements de certains fonctionnaires plus soucieux de plaire à la réaction cléricale que de servir les intérêts de la démocratie, et c'est dans ce sentiment que, alors que la ville de Montceau est complètement calme, le syndicat de Montceau s'est abstenu de prendre part au Congrès qui a décrété la grève générale et que trois jours après cette déclaration de grève générale, hier encore, il ne manquait aucun ouvrier à l'appel du travail.

Et c'est à ce moment que l'on procède à Montceau à un déploiement de troupes militaires, absolument exagéré, dans cette région qui a été trop longtemps soumise, en quelque sorte, à un état de siège. Nous protestons contre cet envoi de troupes et contre les fonctionnaires qui l'ont motivé. *(Très bien !)*

Nous demandons que ces troupes soient immédiatement retirées. La circonscription minière de Montceau a donné l'exemple du calme le plus absolu dans une grève qui a duré 107 jours, et j'ai fait moi-même partie d'une manifestation de 10.000 ouvriers, alors qu'il n'y avait à Montceau quecinquante gendarmes. Ce sont les ouvriers eux-mêmes qui ont assuré l'ordre et qui en ont répondu.

J'ai la ferme conviction qu'il en sera de même aujourd'hui, alors que les troupes seront retirées. Je ne m'appesantis pas davantage. *(Applaudissements.)*

M. Buisson. — Nous allons vous relire, citoyens, le vœu rectifié dans le sens de ce qui vient d'être dit.

M. Klotz. — Nous estimonsque l'on pourrait donner une autre forme à ce texte ; il n'y a pas qu'à Montceau qu'on envoie la force militaire. (*Voix :* Il n'y a pas de grève à Montceau, c'est tout à fait particulier.) Nous avons à émettre une doctrine. Nous pouvons nous associer au texte présenté par nos collègues et émettre le vœu que le Gouvernement n'emploie pas les forces militaires pour résoudre les conflits entre le capital et le travail.

Un DÉLÉGUÉ. — A condition qu'on ajoutera : Et notamment à Montceau.

M. BUISSON. — Conformément au désir de notre collègue on a ajouté cette phrase : « Et *notamment* à *Montceau.* » Voici donc le texte complet du vœu :

« Le Congrès radical et radical-socialiste, considérant que l'emploi des forces militaires dans les conflits entre le capital et le travail est regrettable, considérant que la région de Montceau-les-Mines, notamment, est absolument tranquille ; compte sur le gouvernement pour que les forces militaires qui y ont été envoyées en soient éloignées. »

Le vœu, avec l'adjonction est adopté.

M. BUISSON. — Citoyens, 37 départements ont encore à envoyer les noms de leurs délégués à la comission exécutive. Or nous allons dans quelques instants procéder à cette nomination, il serait désirable que les représentants des départements en question envoient de suite leurs propositions au secrétariat.

M. PHILIPPE. — Pendant que l'on va procéder à ce travail, permettez-moi, comme président de la 2e commission, de vous parler de la ville où devra se tenir le prochain congrès.

Votre 2e commission, qui s'est réunie hier soir, a désigné la ville de Marseille. Ce n'a pas été sans une discussion très longue, d'ailleurs, et nous avons assisté à une brillante lutte entre Toulouse et Marseille. Votre commission a pensé également, pour ne pas trop attrister nos amis du Sud-Ouest, qu'elle pouvait déjà et à titre d'indication officieuse vous proposer la ville de Toulouse pour 1904.

Voici les motifs qui nous ont fait choisir Marseille pour notre congrès de 1903.

C'est elle, en effet, qui a nommé Henri Brisson. *(vifs applaudissements)*, lui permettant ainsi de revenir à la Chambre, et c'est elle qui souffre de ce désaccord entre républicains, si préjudiciable à nos intérêts de parti. C'est enfin elle qui a été, dès l'année dernière, désignée, sur la proposition de M. Hubbard, comme devant être choisie, cette année, pour notre prochaine assemblée. Mais nous devrons aller ensuite à Toulouse, dans ce pays où nos amis Huc et Sarraut ont su avec tant d'énergie apporter, par la *Dépêche de Toulouse*, la victoire durable et complète du parti républicain dans le Sud-Ouest, dans ce pays où reste encore M. Barthou, dont les projets et la trahison ont fait tant de mal à la Républi ue.

Nous devons établir un roulement, et c'est dans cette intention qu'à titre d'indication, et toujours en passant, nous vous soumettons Toulouse pour l'année 1904. Enfin, il est bien évident qu'à la veille des élections générales, où nous devons concentrer tous nos efforts, votre commission vous demande de nous réunir à Paris pour faire véritablement œuvre utile, concentrer nos efforts pour assurer enfin le triomphe de notre parti. *(Applaudissements.)*

M. Debierre. — Le Congrès s'est réuni l'année dernière à Paris, dans la capitale du pays. Cette année il est réuni à Lyon, dans le centre de la France; l'année prochaine à Marseille; je n'y vois pas d'inconvénient, au contraire, — qu'on aille à Marseille ou à Toulouse, j'aime également les uns et les autres — mais je demande que quand on aura donné satisfaction au Midi on vienne aussi nous aider dans le Nord. *(Bravos.)*

M. Philippe. — Mon ami Debierre n'a pas vu qu'il restait une année disponible, celle de 1905, et qu'elle était, d'après la Commission, réservée pour le Nord; mais j'indique que nous ne pouvons pour Toulouse, Lille et Paris que prendre un engagement pour nous-mêmes et non pour les Congrès à venir, car ceux-là seuls, d'après nos statuts, que j'ai rapportés hier, pourront désigner le lieu de leur prochain Congrès. *(Assentiments.)*

M. Buisson. — Je vais vous soumettre deux propositions. La première, sur laquelle vous avez un vote à émettre, c'est la désignation pour l'année prochaine. Ce droit vous appartient. Je vais mettre aux voix les conclusions de votre commission qui désignent Marseille pour la réunion du Congrès l'année prochaine.

Adopté.

Il y a une seconde proposition pour laquelle notre collègue Debierre ne nous demande pas de voter, mais il vous demande de retenir et d'accueillir à titre d'indication le vœu qu'il exprime au nom de la région du Nord, que le Congrès, dans l'année suivante, ait lieu dans cette région.

M. Sarraut. — Je demande la priorité pour les conclusions de la commission.

M. Sarraut. — Nous avons discuté hier soir pendant trois heures de suite. Nous sommes ici vingt-huit départements du Midi et vous voudrez bien me permettre de m'expliquer. Dans notre région, grâce à nos efforts nous avons gagné trente-cinq sièges sur la réaction, nous allons avoir à combattre encore dans toute cette région et nous venons vous demander de lui apporter le réconfort de votre présence et la commission tout entière a pris vis-à-vis de nous un engagement que je vous prie de confirmer. (*Voix :* L'ordre du jour!)

M. Klotz. — Notre ami, citoyens, vient de rappeler, en effet, que c'est sur notre proposition que, hier, la commission du règlement a décidé d'aller cette année à Marseille et de passer l'année suivante par Toulouse...

M. Buisson. — Le Congrès, en prenant acte des déclarations du citoyen Debierre, de celles du citoyen Philippe, au nom de la commission, et de celles du citoyen Sarraut décide, si vous le voulez bien, que ces propositions sont renvoyées à la commission exécutive, non pas pour être considérées comme non avenues, mais pour être étudiées et transmises à titre d'indication au Congrès de l'année prochaine.

C'est tout ce que nous avons le droit de faire.

Adopté.

M. Morlot. — Au nom de notre collègue Durozoy et au mien, j'ai l'honneur de déposer le vœu suivant. Ce vœu répond complètement aux idées de l'Assemblée. On a dit tant de mal des magistrats que lorsque l'on en rencontre un qui rend la justice avec équité, il faut lui rendre hommage. Je veux parler du président Magnaud, le juge de Château-Thierry... (*Vive Magnaud!*) Je demande au Congrès de l'encourager dans la voie qu'il a ouverte et d'inviter le gouvernement à nommer quelques magistrats comme lui; la démocratie s'en trouvera très bien. (*Applaudissements.*) Voici ce vœu :

Le Congrès radical et radical-socialiste manifeste à nouveau son entière approbation des principes de générosité sociale et d'humaine solidarité qui inspirent la jurisprudence du tribunal de Château-Thierry, présidé par M. le président Magnaud.

Il adresse à ce courageux magistrat toutes ses félicitations et tous ses encouragements. Il invite le gouvernement à témoigner, par une manifestation non équivoque, de ses sentiments à l'égard de cette conception de la justice si favorable aux pauvres, aux petits et aux faibles, de façon à détruire les hésitations des magistrats qui, par un scrupule excessif pour des traditions juridiques surannées, n'osent pas obéir à leur conscience en entrant dans la voie si largement ouverte par le président Magnaud.

Le Congrès demande enfin que le gouvernement s'associe aux propositions de réformes inspirées par cette jurisprudence et notamment à la généreuse proposition habituellement désignée sous le nom de « loi de pardon ».

Adopté,

M. Buisson. — Citoyens, il nous reste encore une vingtaine de petites propositions qui ont un objet technique ; il est matériellement impossible, puisqu'il est 11 heures, que nous ouvrions une discussion sur ces vœux de la dernière heure et nous vous proposons de déléguer à la commision exécutive, que vous allez nommer dans quelques minutes, le soin de délibérer sur ces différents vœux sur lesquels il y a eu des commencements de délibération.

Si vous voulez bien autoriser cette procédure... (Oui ! oui !) nous allons tout de suite donner la parole au citoyen Charles Bos, pour la lecture du document important, décisif, qui clôturera nos travaux, pour la lecture de la déclaration du Congrès, du programme du Parti ;

Après, aura lieu immédiatement et je vous prie de ne pas vous disperser, la nomination de la commission exécutive. Je vous demande donc de vouloir bien, aussitôt après la lecture qui va vous être faite, de vous tenir prêts à exécuter cet acte définitif par lequel nous clôturerons nos travaux.

(Le renvoi des propositions à la commission exécutive est adopté.)

M. Charles Bos. — Citoyens, j'ai l'honneur de vous donner lecture de la déclaration suivante :

DÉCLARATION DE M. CH. BOS

Le premier congrès du parti républicain radical et radical-socialiste avait surtout pour but de faire, à la veille des élections, l'union de tous les républicains contre l'ennemi commun. L'union a été faite. Rien n'a pu la rompre, ni les injures, ni les calomnies, ni les outrages abominables dont les meilleurs d'entre nous ont été les victimes.

Un éclatant succès a couronné nos efforts. Aujourd'hui, notre parti est la majorité dans le pays et au Parlement. Il est aussi au pouvoir. Il doit en envisager toutes les responsabilités et savoir les assumer. La lutte n'est pas finie ; il faut dire, au contraire, qu'elle commence. *(Vifs applaudissements.)*

Ce combat, toujours le même contre la même réaction, ne peut être victorieusement soutenu qu'à une condition essentielle : qu'au groupement d'instinct des républicains se substitue une organisation logique et méthodique, seul moyen de garantir l'observation d'une discipline obligatoire. *(Très bien.)* Telle est la raison de notre second congrès.

Tous, venus de partout, nous obéissons à une pensée commune : fils de la Révolution, nous voulons la continuer. Nous ne connaissons donc pas d'ennemis à gauche. *(Applaudissements.)*

Et nous donnons cet exemple, après un triomphe électoral que nul ne nous conteste, de réunir une Convention des représentants les plus qualifiés de la démocratie française pour consolider notre victoire et la rendre définitive.

Comment ? En cessant de nous défendre pour attaquer nos adversaires, avec l'intention bien résolue de dire ce que nous sommes décidés à faire : la République laïque et républicaine. *(Applaudissements.)*

On nous traite de sectaires et de Jacobins. Ce ne sont là que des mots. Nous n'ignorons pas, les uns et les autres, que la Déclaration des Droits de l'homme et du citoyen a proclamé les libertés nécessaires et qu'il faut une action énergique pour édifier le corps social que nos pères ont voulu.

Ils ont détruit ce qui existait avant eux. Ils ont créé une nouvelle société; ils ont tout fait, en réalité. Mais la dictature est venue, qui a emporté une grande part de leur œuvre. Cette part, nous la devons reprendre. D'autres besoins sont nés, d'ailleurs, auxquels il faut donner satisfaction. Le pays l'exigerait si nous étions tentés de l'oublier. *(Applaudissements.)*

C'est pourquoi, si, avec le bon sens et les données positives de la science moderne, nous restons attachés à la propriété individuelle « dont nous ne voulons, comme le disait notre premier Congrès, ni même préparer la suppression parce que son principe repose tout entier sur le droit inviolable de la personne humaine au produit de son travail », nous pensons que nous devons prendre des mesures contre cette féodalité nouvelle, financière et industrielle qui est une menace perpétuelle pour le monde du travail aussi bien que pour l'Etat.

Nous entendons que l'ouvrier ait la propriété de son outil, comme le paysan a le sien, depuis la Révolution ; que l'Etat devienne le maître de chemins de fer, que le domaine public s'augmente de certains monopoles rendus nécessaires par les manœuvres de spéculation et d'agiotage. Trop de richesses nationales ont été concédées à des particuliers qui abusent de leur inexplicable privilège au point d'oser invoquer la protection gouvernementale contre les travailleurs et de faire craindre, sinon de provoquer de cette manière les plus épouvantables catastrophes. Ces richesses doivent revenir au pays. On ne prescrit pas contre la nation. *(Vifs applaudissements.)*

Est-il utile, au surplus, d'indiquer même d'une façon succincte, l'ensemble du programme de notre parti ? Caisse de retraites pour les travailleurs ; arbitrage obligatoire ; prévoyance; assistance et assurance sociales; suprématie du pouvoir civil ; démocratisation de l'armée; justice gratuite, égale et commune pour tous ; enseignement national à tous les degrés ; réforme complète de notre système d'impôts ; séparation des Eglises et de l'Etat : tout cela a été depuis 30 ans, développé longuement dans toutes les professions de foi des républicains les plus éminents, dans la déclaration du parti, l'an dernier, dans les beaux discours de Delpech, de Dubief, de Maujan, de Buisson, qui ont présidé les séances de ce Congrès.

C'est là notre horizon politique et social; mais de ce programme, qu'en faut-il détacher, quelles sont les réformes qu'il faut réaliser immédiatement ?

La République souscrirait à sa perte si elle se laissait effrayer par la colère de Rome. La Convention avait supprimé les congrégations, supprimons-les à notre tour; elle avait décidé que la République française ne paierait plus les frais ni les salaires d'aucun culte. Imitons son exemple. Préparons, dès aujourd'hui, la séparation des Eglises et de l'Etat. *(Applaudissements.)*

A propos de l'enseignement, on ne cesse de nous parler des droits des pères de famille. Il n'a pas ici d'autre droit que celui d'exercer ses devoirs. L'enfant seul a des droits et c'est à l'Etat qu'il appartient de les faire valoir, car l'Etat seul a qualité pour se substituer aux personnes humaines incapables de se défendre.

Donc, abrogation de la loi Falloux, qui a livré l'enfance aux Jésuites, et puis, service public de l'enseignement. *(Vifs applaudissements.)*

Notre système fiscal, plus vieux qu'on ne le dit, car il a été emprunté presque entièrement à la vieille monarchie, constitue un sûr abri pour toutes les iniquités sociales. Nous répétons une fois de plus que nous voulons tout de suite établir cet impôt progressif sur le capital et sur le revenu qui instituera la vraie proportionnalité, car chaque citoyen sera grevé suivant ses facultés, qui déchargera les ouvriers des villes et des campagnes et qui nous donnera les ressources dont nous avons besoin pour faire la caisse des retraites, depuis si longtemps promise aux vieux travailleurs de ce pays. *(Applaudissements.)*

La moyenne et la petite culture ont droit à toute notre sollicitude. Des dégrèvements s'imposent à son égard. Du reste, nous ne faisons aucune différence entre le travailleur des villes et celui des campagnes.

La réduction du service militaire à deux ans est une réforme virtuellement acquise. Sans doute, vos élus auront encore à livrer, au sein du Parlement, un dur combat contre la réaction, qui ne peut se résoudre à renoncer aux dispenses dont elle jouit. Mais le service de deux ans sera voté ; en même temps, nous saurons imposer aux généraux de coups d'Etat, comme aux officiers enrégimentés par l'Eglise, le respect des institutions républicaines. La discipline ne peut exister dans l'armée nationale qu'à la condition d'être la même pour tous. *(Applaudissements.)*

En disant que l'armée doit se préparer dans le silence à remplir tout son devoir au cas où l'intérêt supérieur l'exigerait, nous sommes assurément plus patriotes que ceux qui veulent la faire servir à favoriser des pronunciamentos ou bien encore à intervenir dans les conflits si douloureux qui se produisent entre le capital et le travail. *(Vifs applaudissements.)*

D'ailleurs, un gouvernement ne vaut quelque chose que s'il est bien servi par ses fonctionnaires. Que ceux-ci appartiennent à l'armée ou aux administrations civiles, peu importe. Payés par la République, ils ont l'impérieux devoir de l'aimer et de la défendre. Contre ceux qui se sont risqués à l'oublier, la suppression de l'inamovibilité de la magistrature et des révocations impitoyables donneront au pays l'impression que le parti républicain entend enfin gouverner. *(Vifs applaudissements).*

Est-ce tout ? Pas encore. A côté d'une justice civile plus qu'imparfaite, il en existe une autre, dont tant de décisions font injure au bon sens public.

Dès maintenant, nous pouvons dire que les conseils de guerre, que les conseils de corps, que les pénitenciers militaires et que les compagnies de discipline ont vécu. Le pays n'en veut plus. Le Parlement, saisi par nous, les supprimera.

Le suffrage universel s'est prononcé ; il nous a dicté ses volontés et, bien qu'une corruption effrénée, contre laquelle nous saurons sévir en rétablissant le scrutin de liste, ait tenté d'en fausser le sens, le suffrage universel a parlé d'une façon aussi nette que possible.

Oui, le pays est las de tant d'engagements qui ont été pris et n'ont pas été tenus. Il veut des réalisations.

Notre union nous donne la force d'agir et d'aboutir. C'est d'ailleurs dans la politique de réformes que la République trouvera sa puissance et la patrie sa grandeur. *(Longues acclamations.)*

M. Buisson. — Je pense être l'interprète de votre pensée unanime en vous proposant de voter d'acclamation le texte qui vient de vous être lu.

Adopté à l'unanimité.

M. Buisson. — Citoyens, avant que l'on procède au vote définitif et que l'on prépare les papiers nécessaires à cette opération, permettez-moi d'adresser en votre nom à tous et en particulier au nom du bureau, des remerciements et aussi des félicitations à la presse du parti qui s'est si noblement conduite à notre égard et qui a payé de sa personne d'une manière si constante à rendre compte de nos travaux dans des conditions qui étaient quelquefois extrêmement difficiles et qui ont fait faire à ces messieurs de véritables tour de force *(Applaudissements.)*

Nous devons des remerciements et des félicitations au Comité d'organisation du Congrès et en particulier à nos amis de Lyon qui ont fait tous les frais de personnes et de temps pour répondre à notre désir et nous seconder dans nos travaux. *(Applaudissements.)*

Et enfin, nous devons remercier de la même façon le service des postes et télégraphes du travail qu'il nous a facilité. *(Applaudissements.)*

Un Délégué. — Comme délégué de la Seine-Inférieure, j'ai été chargé, hier soir, de vous faire la déclaration suivante :

Citoyens, dans la Seine-Inférieure, un des nôtres, un de nos amis, n'a pu trouver un représentant du parti pour se mettre sous sa protection dans des circonstances encore récentes. La commission a dû même être invitée à lui désigner un défenseur d'office. Celui-là, citoyens, c'est le docteur Meslier..... (*Voix : C'est exact !*) Il est inadmissible que dans la Seine-Inférieure on ne puisse pas trouver un des siens pour vous défendre. (*Applaudissements.*) Je demande au congrès de déclarer qu'il est indispensable que des mesures soient prises pour que des faits aussi regrettables ne puissent se renouveler.

Adopté.

M. Buisson. — Le vœu dont vous venez d'adopter le principe et qui est d'intérêt général, sera, si vous le voulez bien — et vous serez pleinement de cet avis — renvoyé au comité exécutif en lui laissant le soin, en ce qui concerne les voies et moyens d'application, de régler les détails et les procédés à employer. *(Oui! Oui!)*

Adopté.

M. Buisson. — Nous allons maintenant procéder à la nomination des délégués à la commission exécutive. On va vous lire les propositions par ordre alphabétique de départements.

M. Philippe donne lecture de la liste des délégués proposés à l'approbation de l'Assemblée. (Voir page 149.)

La séance est levée à midi et quart aux cris de : *Vive la République!*

LISTE DES DÉLÉGUÉS ET DÉLÉGUÉS SUPPLÉANTS DÉPARTEMENTAUX AU COMITÉ EXÉCUTIF

DÉPARTEMENTS	DÉLÉGUÉS	SUPPLÉANTS
	MM.	MM.
Ain	POCHON, sénateur	GELIN, directeur du *Républicain de l'Ain.*
	GIRARD, conseiller général	CORCELLE, président du Comité de Virieu-le-Grand.
Aisne	MORLOT, député	DUROZOY, publiciste.
	DOUMER, député	PIERMÉ, publiciste.
Allier	Dr CAHEN, Vichy	DELARUE, député.
	PERONNEAU, député	BARDET, Philippe, conseiller municipal.
Alpes (Basses)	HUBBARD, député	NÈGRE, conseiller municipal.
Alpes (Hautes)	EUZIÈRE, député	VOLLAIRE aîné, imprimeur.
Alpes-Maritimes	JULLIAN, vétérinaire	VIAL, propriétaire d'hôtel.
Ardèche	ASTIER, député	CHABANNES, négociant.
	BOISSY-D'ANGLAS, ancien député	CUMINAL.
Ardennes	MEUNIER, directeur d'imprimerie	VOULET Henri, secrétaire du Comité républicain de Revin.
	LASSAUX Léon	SAINT-AMAND, président du Comité de Rethel.
Ariège	DELPECH, sénateur	TOURNIER, député.
Aube	ARDOUIN, député	CHARONNAT, député.

DÉPARTEMENTS	DÉLÉGUÉS	SUPPLÉANTS
	MM.	MM.
Aude	A. Sarraut, député.	Vitalis-Brun, professeur.
	Sauzède, député.	Castel, maire de Lésignan.
Aveyron.	Lacombe, député	Renard-Rouvert.
	Balitrand, député	
Bouches-du Rhône. .	Estier, conseiller général	Victor Jean, conseiller général.
	Heiricis, ancien maire	Ferrières, conseiller d'arrondissement.
	Michel, député	Gastinel.
Calvados	Franklin-Bouillon, directeur du *Journal de Caen*.	Dr Angest.
	Strauss Edmond, publiciste.	
Cantal.	Hugon, député.	Fleys, avocat.
Charente	Burot, ingénieur	Dereix, secrétaire général de l'Imprimerie Nationale.
	Royer Louis, négociant.	Royer Marcel, étudiant.
Charente-Inférieure.	Réveilland, député.	Lauraine, député.
	Braud, député	
Cher	Debaune, député.	Gérard-Ducreux.
	Girault, sénateur.	Cannier, maire de Saint-Satun.
Corrèze.	Tavé, député	De Sal fils, avoué.
	Bussières, député.	Calary de Lamazière.
Corse.	Malaspina, député	Stretti, entreposeur de tabacs.
Côte-d'Or.	Michaut Fernand.	Tainturier, conseiller général.
	Ricard, ancien député	Senne, Jules.
Côtes-du-Nord	De Kerguezec, conseiller général. .	Boyer Paul, directeur du *Réveil de Saint-Brieuc*.
	Jacquier, avocat	Le Rolland, conseiller général.
	Sarraut, avocat.	Cocurd, conseiller général.
Creuse.	Chataignon, publiciste	Defumade, député.
Dordogne	Sireyjol, député	Ladoire, directeur de l'*Etoile de Ribérac*
	Dubois, maire de Bourg-en-Bast . .	Bureau, agent voyer.
Doubs	Beauquier, député.	Janet, député.
Drôme.	L. Blanc, sénateur	Chabert, député.
	Dumant Louis, publiciste	Achard Edouard, viticulteur.
Eure	Gros-Fillay, conseiller général. . .	Quérité, président du conseil d'arrondissement d'Evreux.
	Lefèvre Abel, conseiller général . .	Sourbelle.
Eure-et-Loir.	Jouanneau, avocat	Boisanfrey, conseiller d'arrondissement.
Finistère	Isnard, député	Herland, conseiller général.
	Le Bail, député.	Herr.
	Alain, conseiller général	Mando Pierre.
Gard	Desmons, sénateur	Crouzet, maire de Nîmes.
	Bonnefoy-Sibour, sénateur.	Poisson, député.
Garonne (Haute). . .	Bepmale, député	Denjean, conseiller municipal.
	Couderc, secrétaire général.	Cazassus, adjoint au maire de Saint-Gaudens.
Gers.	Laterrade, sénateur	Mazeret, avocat.

DÉPARTEMENTS	DÉLÉGUÉS	SUPPLÉANTS
	MM.	MM.
Gironde	Dr Dupeu, président du Cercle radical	Sens L., conseiller municipal.
	Bordes Jean	Roussie.
	Palengat	Laville.
Hérault	Garriel, directeur du *Petit Méridional*	Lafferre, député.
	Mas, député	Benezech, conseiller général.
Ille-et-Vilaine	Brune, maire de Pleine-Fougères	Hervoche, maire de Lantrelin.
	Jouhanneaud (attaché aux postes)	
Indre	Bellier, député	David Alban, député.
Indre-et-Loire	Pic-Paris, sénateur	Gacon, conseiller municipal.
	Tiphaine, député	Brulport.
Isère	Chenavaz, député	Lakmann, professeur.
	Rajon, député	Vallier, conseiller général.
Jura	Mollard, député	
Landes	Bourceret, publiciste	Souhabert, négociant.
Loire	Delassalle fils	Tiblier.
	Champeville (de)	Doumy,
Loire (Haute)	Mallat, avocat	Strauss Gustave, publiciste.
	Joubert-Peyrot, conseiller d'arrond.	Laplanche, publiciste.
Loire-Inférieure	Griveaud, maire de Chantenay	Albitre, juge de paix suppléant.
	Sallières, direct. du *Populaire* de Nantes	
Loiret	Vazeille, député	Guingamp, député.
	Rabier, député	Burnier, maire.
Lot	Cocula, sénateur	Malbec Elie.
Lot-et-Garonne	Lagasse, avocat	Dauzon, député.
Lozère	Jourdan, député	Armand, ancien maire.
Maine-et-Loire	Roland, direct. du *Courrier de Saumur*	
	Jagot, direct. du *Patriote de l'Ouest.*	
Manche	Ringard, représent. de commerce	Lemagneux Jules.
	Bellanger, représent. de commerce.	Dr Bourgogne.
Marne	Haudos, avocat	Ch. Bernard, industriel.
	Dr Pozzi, adjoint au maire de Reims.	Gaillemin, notaire.
Marne (Haute)	Bizot de Fontenay, sénateur	Menard, instituteur.
Mayenne	Louis Bonnet, publiciste	
	Reneux, dessinateur	
Meurthe-et-Moselle	Hinzelin, publiciste	Georgin.
	Chapuis, député	Grillon, avocat.
Meuse	Pol Chevalier, maire de Langeville.	Dominique, avocat.
Morbihan	Guieysse, député	Talvas.
	Jacob, ancien député	Martine, avocat.
Nièvre	Massé, député	Goujat, député.
	Petitjean, sénateur	Guéneau Victor.

DÉPARTEMENTS	DÉLÉGUÉS	SUPPLÉANTS
	MM.	MM.
Nord	Lecomte, sénateur	Fanyau, pharmacien.
	Defontaine, député.	Vilmot, maire du Sui-le-Noble.
	Dr Debierre, adjoint au maire de Lille	Loridan, conseiller général.
	Gosset, président du comité Radical-socialiste du Cateau.	Vasseur, président du cercle l'Exemple, à Lille.
	Mourmaut, conseiller municipal . .	Bernard, conseiller municipal.
	Gannelin, président de la Ligue républicaine d'Estaires	Duflot.
	Brizzolara, négociant	Nortier.
Oise.	Baudon, député	Chopinet, ancien député.
	Bouffandeau, directeur honor. des Ecoles Normales	Ch. Dupuis, conseiller général.
Orne	Quéroy, attaché au Ministère du Commerce.	
	Félicien Paris, avocat	
Pas-de-Calais	Louis Mill, député.	Logier, directeur du *Journal de Lens*.
	G. Robert, publiciste	Le Bon, directeur du *Journal de Saint-Pol*.
	Lefranc, publiciste	Barbey, avocat.
	Salles, rec[illegible]eur-buraliste	[illegible], publiciste.

DÉPARTEMENTS	DÉLÉGUÉS	SUPPLÉANTS
Puy-de-Dôme	Guyot-Dessaigne, député	Marron.
	Dr Blatin, ancien député	Boucheron, employé de commerce.
Pyrénées (Basses) . .	Iriat d'Etchepare (d'), député. . . .	Bourdeu, adjoint au maire de Gau.
	Serra.	Mousis, président du Comité d'Action Républicaine, à Pau.
Pyrénées (Hautes). .	Pedebidou, sénateur	Dasque, député.
Pyrénées-Orientales	Bourrat, député	Marcel Huart, publiciste.
Rhin (Haut)	Schneider, député	Laurent Thierry, publiciste.
Rhône	Genet, député.	Gaidon jeune, Secrétaire général de la Fédération autonome du Rhône.
	Michaut, de Villefranche.	Ponteille, du canton du Bois-d'Oingt.
	F. Robin, conseiller municipal de Lyon.	Billon, conseiller municipal de Villeurbanne.
Saône (Haute).	Renoult, député	Simonnet Germain.
Saône-et-Loire	Dubief, député	Myard.
	Petitjean, député	Bussières.
	Richard, avocat.	Chaussier, conseiller municipal.
Sarthe	Postel, entreposeur de tabacs . . .	Barbey, avocat.
	Balan, représentant de commerce .	Teissier.
Savoie	Chambon, député	Grand, publiciste.
Savoie (Haute)	Ferrero, conseiller général	Charrières, avoué
Seine.	Lockroy, député	Verglas.
	Puech, député.	Rousselle, conseiller général.
	F. Buisson, député	Fabius de Champville, publiciste.

DÉPARTEMENTS	DÉLÉGUÉS	SUPPLÉANTS
	MM.	MM.
Seine (*suite*)	Ch. Bos, député	Elie Mantout, publiciste.
	Maujan, député	Silvy, avocat.
	Gervais, député	Ignace, avocat.
	Messimy, député	Blumenthal, avocat.
	Mascuraud, négociant	Le Foyer, publiciste.
	Patenne, conseiller général	Mayer, publiciste.
	Sigismond-Lacroix, publiciste	Henri, publiciste.
	Depasse Hector, publiciste	Dufour, adjoint au maire d'Alfortville.
	Chérioux, conseiller général	Cahen Ferdinand, manufacturier.
	Chaudey, ancien député	Goldschild.
	Francq Léon, ingénieur	Bergougnan, publiciste.
Seine-Inférieure	Dautresme, directeur du *Petit Rouennais*	Cahen Gustave, avoué.
	Denis Guillot, conseiller général	Gaudel, maire à St-Etienne-de-Rouvray.
	Albert May	Bénard, conseiller municipal.
Seine-et-Marne	Chauvin, député	Girod, député.
	Farny, conseiller général	Blanchard.
Seine-et-Oise	Berteaux, député	Genevois Henri, publiciste.
	Lemoine-Rivière, négociant	Ferrari.
	Gustave Lefèvre, avocat	Commandant Guillaume.
Sèvres (**Deux**)	Gentil, député	Jannet.
	Ménard, maire de Thouars	Rougier, député.
Somme	Klotz, député	Jouançon, conseiller d'arrondissement.
	Archain, conseiller général	Berneau.
Tarn	Gouzy, député	Andrieu, député.
	Savary, sénateur	Vieu, maire de Castres.
Tarn-et-Garonne	Sarraut Maurice, publiciste	Bonnafous.
Var	Louis Martin, député	Dr Aubin, conseiller général.
	Vivien, ancien maire de Bandol	E. Fassy.
Vaucluse	Béraud, sénateur	Dibon, conseiller d'arrondissement.
Vendée	G. Batiot, maire de Talma	Salles.
	Adrien Merle	Gacon, conseiller municipal.
Vienne	Godet, député	Tranchant, conseiller municipal.
	Guillaume Poulle, conseiller général	Vallet-Decherat, conseiller municipal.
Vienne (**Haute**)	Tourgnol, député	Ferriol, maire de Bellac.
	Blanchon, conseiller général	Voiller, publiciste.
Vosges	Gilbert-Renaud	Pernot.
	Lapique Auguste	Crochet.
Yonne	Philippe, avocat	Bonnet Jules, propriétaire
	Thomas Albert	Ch. Lepère.

DÉPARTEMENTS	DÉLÉGUÉS	SUPPLÉANTS
	COLONIES	
	MM.	MM.
Alger	SILVY, 27, rue Godot-de-Mauroy	MARINI Henri.
Constantine	Jules CUTTOLI, avocat	KATZ, libraire.
Oran	TROUIN, député	
Cochinchine	CHÉNIEUX	LOUËL.
Martinique	KNIGHT, sénateur	CLÉMENT, député.
	BLUMENTHAL, avocat.	
Inde française	HENRIQUE-DULUC, député	G. COULON.
Guyane	URSLEUR, député	VOISEMBERT.
Guadeloupe	VINARDI, photographe	
Sénégal	CARPOT, député	LAPLANCHE, publiciste.

RÈGLEMENT DU COMITÉ EXÉCUTIF

DU PARTI RÉPUBLICAIN

Radical et Radical-Socialiste

Art. 1. — Réunions du Comité.

§ 1. — Le Comité se réunira de plein droit chaque quinzaine, le mercredi soir à 8 heures et demie, au siège du Comité, à Paris, et en cas d'urgence sur convocation du bureau.

§ 2. — Les réunions auront lieu sous la présidence du président ou de l'un des vice-présidents.

Deux des secrétaires prendront note des délibérations et en dresseront procès-verbal.

§ 3. — Le Comité entendra les rapports des secrétaires et des rapporteurs des commissions. Il délibérera sur toutes les questions qui lui seront soumises par un de ses membres.

§ 4. — Le vote sera secret s'il est réclamé par le tiers des membres présents.

§ 5. — Les décisions seront prises à la majorité des membres présents quel qu'en soit le nombre.

§ 6. — Les séances du Comité ne seront pas publiques.

Art. 2. — Composition du Bureau.

§ 1. — Le bureau du Comité sera composé de un président, six vice-présidents, douze secrétaires.

§ 2. — Les vice-présidents et les secrétaires assureront à tour de rôle le service des relations avec le Parti, d'après un roulement qui sera établi par le bureau.

§ 3. — Il sera fait chaque quinzaine au Comité un rapport sur la situation politique et les travaux du Comité par le secrétaire de service.

§ 4. — Le mandat du bureau sera trimestriel. Les présidents et les vice-présidents ne seront pas immédiatement rééligibles dans leurs fonctions ; les secrétaires seront rééligibles et soumis à un renouvellement trimestriel par moitié.

Art. 3. — **Commissions.**

§ 1. — Le Comité désignera dans son sein des commissions de onze membres pour étudier et rapporter les questions qui leur seront renvoyées.

§ 2. — Il sera procédé en même temps qu'à l'élection du bureau, à la nomination d'une commission de onze membres, dite commission des finances.

Elle devra : 1° contrôler la gestion financière du bureau ; 2° aviser aux moyens de créer au Parti des ressources.

Art. 4. — **Secrétariat permanent.**

§ 1. — Le Comité choisira un secrétaire permanent en dehors de ses membres.

§ 2. — Le secrétaire permanent recevra une indemnité mensuelle de 300 fr. par mois. — Il pourra être remplacé sur la proposition du bureau.

§ 3. — Il sera chargé, sous le contrôle du bureau d'assurer le service de la correspondance, l'expédition des journaux et brochures, de veiller au classement des archives.

TABLE

PREMIÈRE JOURNÉE

Présidence de M. DELPECH, sénateur.

DEUXIÈME JOURNÉE

Présidence de M. DUBIEF, député.

Pages

TROISIÈME JOURNÉE

Présidence de M. MAUJAN, député.

QUATRIÈME SÉANCE

Présidence de M. Ferdinand BUISSON, député.

154. — Imp. Vᵉ L. Delaroche, rue de la République, 85, Lyon.

www.ingramcontent.com/pod-product-compliance
Ingram Content Group UK Ltd.
Pitfield, Milton Keynes, MK11 3LW, UK
UKHW021056200726
13857UKWH00003B/943